Erich Hoyer : Vogelführer
Insel Hiddensee

Weitere Bände der Reihe:
- Pflanzenführer Insel Hiddensee
ISBN 3-929192-05-5

-Strandführer Insel Hiddensee
ISBN 3-929192-07-1

-Die Vogelwelt der Inseln Rügen
und Hiddensee, Teil 1, Nonpasseres
ISBN 3-929192-02-0

-Teil 2, Passeres
ISBN 3-929192-06-3

-Naturführer Insel Rügen
ISBN 3-929192-01-2

-Naturführer Landschaftsschutzgebiet
Brohmer Berge mit NSG Galenbecker
See und der Friedländer Großen
Wiese
ISBN 3-929192-00-4

-Die Vogelwelt der Uckermark mit
Schorfheide und unterem Odertal
ISBN 3-929192-14-4

CIP-Titelaufnahme der Deutschen Bibliothek
Hoyer, Erich:
Vogelführer Insel Hiddensee/Erich Hoyer.-
Galenbeck/Meckl.: Hoyer, 1996
ISBN 3-929192-12-8
NE: HST

Titelfoto: Austernfischer
Den Wanderfalke auf Seite 41 fotografierte
Holger Duty, Rostock (Druck nach Farbdia);
Alle anderen Fotos von E.Hoyer, Galenbeck.

© Verlag Erich Hoyer
Vertrieb: Dipl.-Biologe Erich Hoyer
Dorfstraße 16 a
D-17337 Galenbeck / Meckl.
Telefon/ Fax 039607- 20326

Satz und Layout: Erich Hoyer
Druck: Druckerei Steffen GmbH, Friedland/Meckl.

ISBN 3-929192-12-8

Erich Hoyer

Vogelführer

Insel Hiddensee

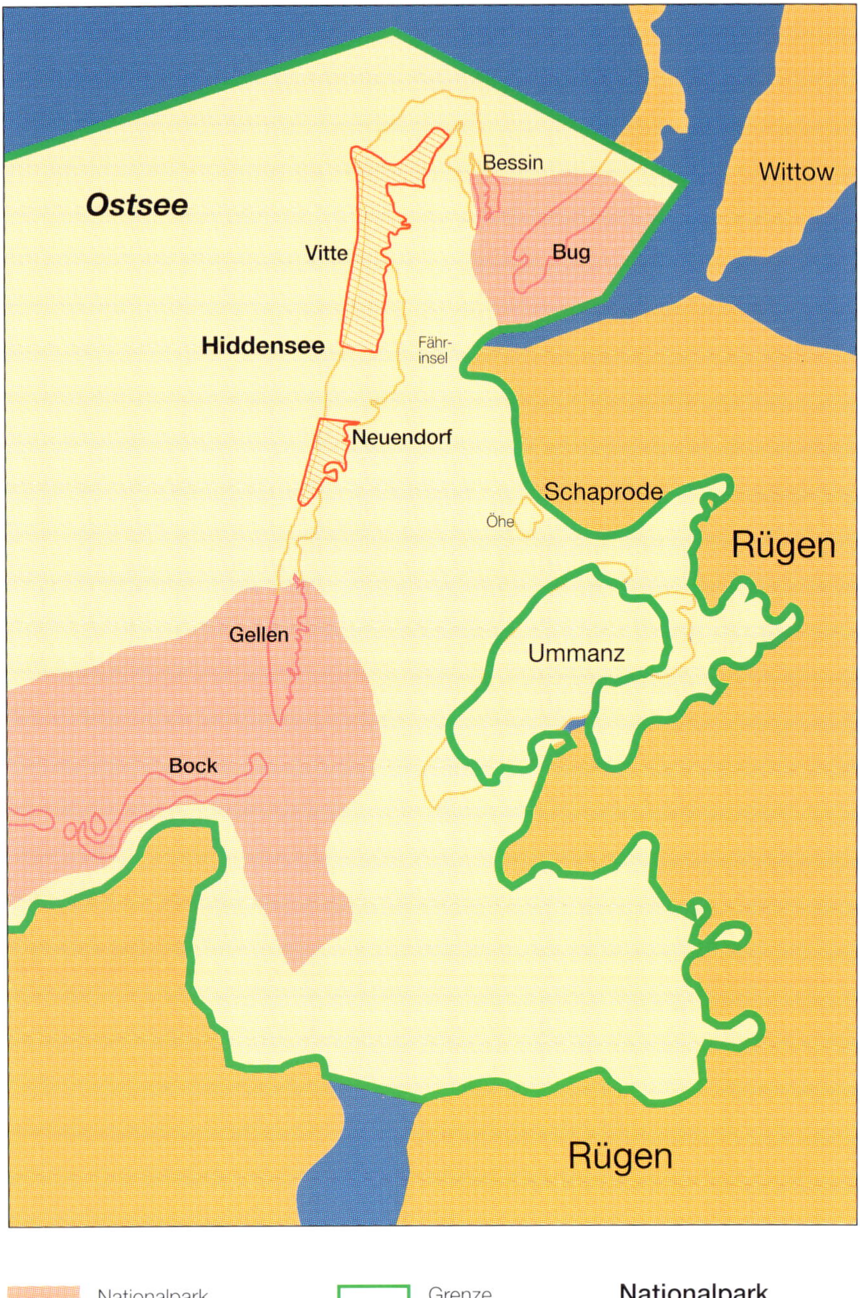

Ostsee

Hiddensee

Vitte

Bessin

Bug

Wittow

Fähr-insel

Neuendorf

Schaprode

Öhe

Gellen

Ummanz

Rügen

Bock

Rügen

Nationalpark
Schutzzone I (Kernzone)

Nationalpark
Schutzzone II

Grenze
Nationalpark

Landschafts-
schutzgebiet

Nationalpark
„Vorpommersche
Boddenlandschaft"
östlicher Teil mit Hiddensee

Inhalt:

SIE möchten ein paar Tage in aller Ruhe die Insel Hiddensee genießen und dabei auch die Vogelwelt erkunden und neue Arten kennenlernen? Wir wollen Ihnen dabei helfen und so finden Sie in diesem Büchlein Tips und Hinweise dazu und vor allem haben Sie einen schnellen Überblick, welche Vogelarten Sie auf unserer Insel erwarten können, welche häufig und welche eher zu den Seltenheiten gehören. Ein gutes Bestimmungsbuch ersetzt es nicht - das sollten Sie zusätzlich dabei haben - nur in Ausnahmefällen haben wir zur Unterstützung einige Bestimmungshinweise eingefügt. Manches mußte sehr gestrafft werden; möchten Sie sich umfassend über die Vogelwelt von Hiddensee und Rügen informieren, kann ich Ihnen die beiden Bände von H.Dittberner ("Die Vogelwelt der Inseln Rügen und Hiddensee" Teil 1 Nichtsingvögel und Teil 2 Singvögel), die im gleichen Verlag erschienen sind, empfehlen.

Ganz herzlich Dank sage ich der Gemeinde des Seebades Insel Hiddensee und besonders dem Leiter des Heimatmuseums, Herrn Schäfer, die die Herausgabe des "Vogelführers" hilfreich unterstützten.

Galenbeck im Frühjahr 1996   E.Hoyer

PS.: Sollten Sie interessante Naturbeobachtungen auf Hiddensee machen oder seltene Arten sehen - wir freuen uns über Ihre Post.

Hiddensee als Touristenziel

Die Insel Hiddensee ist das ideale Reiseziel für Natur- und Vogelfreunde, die wenigstens im Urlaub ihr Auto zu Hause lassen oder zumindest die Nutzung eines Pkw auf das Allernötigste beschränken wollen. Die (fast) autofreie Insel ist ideal für Wander- und Badeurlaube, aber auch für Wissensdurstige geeignet, die in Ruhe die vielfältige Flora und Fauna der Ostseeküste kennenlernen wollen. Soll nicht alles erwandert werden, sind die Distanzen zwischen den Orten und markenten Punkten der Insel leicht mit dem Fahrrad zu überbrücken. Fahrräder sind in allen vier Orten der Insel auszuleihen: Kloster, Vitte, Neuendorf-Plogshagen und Grieben. Besucher, die mehrere Tage auf der Insel bleiben wollen, können die gute Eisenbahnverbindung nach Stralsund nutzen und von dort aus mit dem Schiff Hiddensee erreichen.Um 7.00 Uhr fährt das erste Schiff vom Stralsunder Hafen ab und ist um 10.00 Uhr in Kloster. Tagesgäste sollten aber lieber Schaprode an der Westküste der Insel Rügen ansteuern, da von hier aus die Insel viel schneller zu erreichen ist. Schiffe fahren im Sommerhalbjahr (ab 1. Mai) z.B. 8.00 Uhr,8.45 Uhr,10.00 Uhr, 11.30 Uhr und 13.00 Uhr von Schaprode aus und erreichen nach 45 Minuten Hiddensee. Auch "Schiffstaxen", also kleinere Boote, verkehren zahlreich und auf Anforderung. Die Anreise ab Schaprode hat den Nachteil, daß die Ortschaft nur umständlich mit öffentlichen Verkehrsmitteln zu erreichen ist. Dann bleibt meistens doch nur die Anreise mit dem Auto, das auf einem der vielen Parkplätze gebührenpflichtig (und bewacht) abgestellt werden kann.
Tagesbesucher können bis 18.45 Uhr auf der Insel bleiben, denn dann fährt das letzte Schiff von Kloster ab. Es sei denn, man nutzt ein Wassertaxi, was dann aber entsprechend teurer wird. Auskünfte zum aktuellen Schiffsfahrplan u.ä. erteilt das Hafenbüro in 18565 Kloster/Hiddensee, Tel.038300-210. Auch von anderen Ortschaften Rügens, so von Wiek, von Breege und von Lietzow ist Hiddensee zu erreichen. Von Zingst auf dem Darß fahren an den Wochenenden Boote um 7.00 Uhr nach Hiddensee ab und erreichen Vitte um 11.30 Uhr.
Eine Zimmervermittlung befindet sich in Vitte (Rathaus), Tel.038300-6420. Ein Campingplatz ist auf Hiddensee nicht vorhanden.
Auch Tagesgäste, die in Vitte oder Kloster ankommen, sollten das Heimatmuseum der Insel, direkt am Strand am Ortseingang Kloster (von Vitte kommend) besuchen. Hier sind Informationen zur Geschichte, Volkskunde, Schiffahrt und Fischerei, Ornithologie, Pflanzenwelt und Geologie zu erhalten. Ein "Pflanzentisch" macht mit den aktuell blühenden, häufigeren Pflanzenarten Hiddensees bekannt. Meist ist auch eine kleine Kunstausstellung zu sehen und an manchen Abenden finden Diavorträge statt.

*Das Heimatmuseum
der Insel Hiddensee
in Kloster;
unten:
Tafel im Museum
zum Vogelzug*

Insel der Seevögel und des Vogelzuges

"So stoßen wir auf Hiddensee und erinnern uns, wie viele Kämpfe es (seit 1910) deutsche Vogelschutzbünde kostete, um das hier zahlreich versammelte Seevogelvolk vor Vernichtung (Abschuß und Eierdiebstahl) zu schützen, seine natürlichen Aufenthaltsorte in Pacht zu nehmen und unter Aufsicht zu stellen. Aber die Kämpfe haben sich gelohnt, und auf fast allen in Frage kommenden Gebieten der Insel und Fährinsel können sich die Seevögel seit Jahren ungestört ihrem Brutgeschäft widmen und bleiben vor Nachstellungen ziemlich bewahrt. Fluß-, Küsten- und Zwergseeschwalben zeigen als Meisterflieger ihre Künste. Sturmmöwen künden dem Anwohner das Wetter. Ewig hungrige Regenpfeifer und Bekassinen wühlen im büschligen Tang. Schlankleibige Strandläufer und Säbelschnäbler sind zur Stelle, und dann taucht wieder die gedrungene Gestalt des Vogels mit dem irreführenden Namen auf, denn unser Austernfischer tut keiner Auster etwas zuleide. Kampfläufer führen regelrechte Mensuren durch. Irgendwo flötet der braunweiße Rotschenkel, und der helle Käckruf der Lachmöwe schallt über das Meer. Stock- und Krick-, Pfeif-und Löffelenten, Säger und Taucher schnattern und ratschen den lieben langen Tag. Kuhstelzen und Wiesenpieper, Kiebitze und Feldlerchen fühlen sich allenthalben wie im Binnenland zu Hause. Selbst der Pastor des Möwengeschlechts, die oberseits dunkle Mantelmöwe, taucht gelegentlich auf; erscheint sie aber erst häufiger, neigt der Hochsommer schon dem Ende zu."

Seit dieser lebendigen Schilderung des Vogellebens auf der Insel Hiddensee durch *Hans Wolfgang Behm* vor 50 Jahren ("Deutsche Naturschutzgebiete") hat sich freilich

Seite 8: *Hiddensees Leuchtturm zur Ginsterbl*

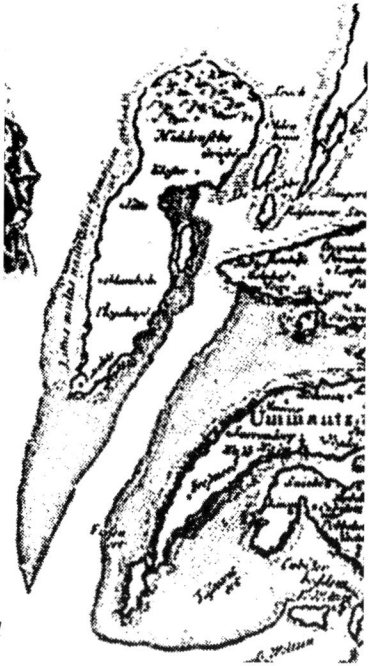

Kartendarstellung aus dem 17. Jahrhundert

eine Menge auf unserer Ostseeinsel Hiddensee verändert. Doch "Vogelinsel" kann Hiddensee eigentlich immer noch genannt werden. Sicher ist so manches von der Brutvogelwelt, die vor 100 Jahren die Insel bei Vogelfreunden so berühmt machte, vielleicht für immer weg. Steinwälzer und Kampfläufer, Küstenseeschwalbe und Uferschnepfe, Seeregenpfeifer und Brachvogel, Rotschenkel und Pfeifente sind zunächst als Brutvögel dahin oder nisten nur sehr sporadisch und vereinzelt. Doch seitdem kamen neue Brutvogelarten auf die Insel und als exponierter Rastplatz und Zugweg für ziehende Vogelscharen hat die Insel nichts an Bedeutung verloren. Wegen der landschaftlichen Schönheit und der vielfältigen Naturausstattung war Hiddensee schon lange für den Naturschutz interessant, so daß auch vor der Einbeziehung der Insel in den "Nationalpark Vorpommersche Boddenlandschaft" im Jahre 1990 große Teile Hiddensees unter Schutz standen. Besonders bekannt ist der "Dornbusch", der bis zu 72,5 m hohe Inselkern mit dem Leuchtturm, der prägnant die Landschaft beherrscht und schon von weit her zu sehen ist, nähert man sich mit dem Schiff. Das Hochland bildet gen Westen und Nordwesten steile Uferabbrüche und das Abbruchmaterial von Jahrhunderten lagerte und lagert sich an der Südspitze der Insel und besonders im Nordosten ab und hat hier zwei lange sandige Anhängsel, den "Alten Bessin" und den "Neuen Bessin" gebildet. Nach Osten zu geht das Hochland sanft in die seichten Boddengewässer über. Der Dornbusch ist wichtiges Wandergebiet, während Teile des Neuen Bessin als Vogelschutzgebiet gesperrt sind.

Die Steilküste nördlich von Kloster und Teile des Dornbuschwaldes

Vogelschutz und Vogelschutzgebiete

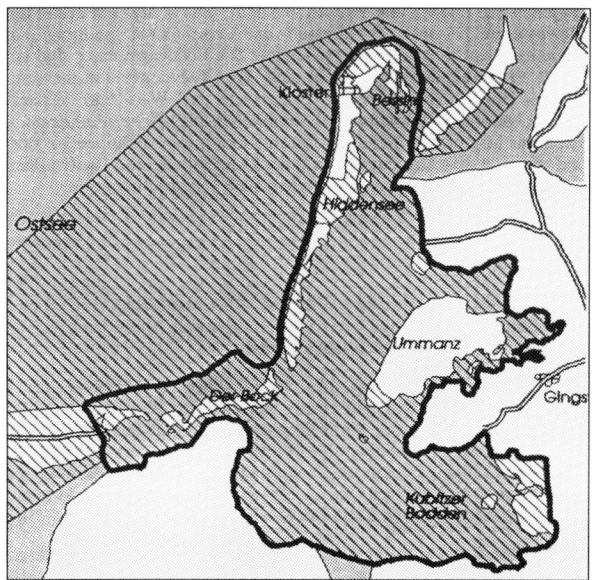

Die Grenzen des "Feuchtgebietes von Internationalionaler Bedeutung Ostseeboddengewässer Westrügen- Hiddensee- Ostteil Zingst" ▬▬▬ *= Grenze des FIB*
schräge Schraffur = Nationalpark

Innerhalb des Nationalparkes besteht das "Feuchtgebiet von Internationaler Bedeutung Ostseeboddengewässer Westrügen-Hiddensee-Ostteil Zingst" das auf 25800 ha im Rahmen der RAMSAR-Konvention (UNESCO) noch einen weiteren Schutzstatus gewährt.

Der Schutz der Seevögel, oder besser "Küstenvögel", hat an der Ostseeküste zwischen Darß und Usedom lange Tradition. Seit dem Ende des 19.Jahrhunderts sind verstärkt Bestrebungen vorhanden, Reservate zu sichern, die besonders für die Möwen-und Seeschwalbenarten, die für die Küste charakteristischen Schnepfenvogelarten und für die Enten und Gänse wichtig als Brut-und Durchzugsgebiete sind. Obwohl die brütenden Küstenvogelarten, darunter 6 Möwen-, 5 Seeschalben-, 14 Entenvogel- und 10 Schnepfenvogelarten, nur einen relativ geringen Anteil an der Gesamtzahl der mitteleuropäischen Brutvögel ausmachen, konzentriert sich aber ein hoher Prozentsatz der Gesamtpopulation einiger dieser Arten auf die Küstenvogelreservate. In hohem Maße bestandsbedroht sind beispielsweise Zwergseeschwalbe, Brandseeschwalbe, Löffelente, Rotschenkel, Großer Brachvogel, Uferschnepfe, Alpenstrandläufer oder auch Säbelschnäbler.

11

Wichtigstes Kriterium für die Zusammensetzung und die Quantität von Brutvogelbeständen sind neben den natürlichen ökologischen Parametern, wie Vegetation, Nahrungsangebot usw. insbesondere auch die Einwirkungen durch den Menschen. Noch 1913 zeichnete der Stralsunder Professor und Ornithologe Hübner ein trauriges Bild von den Seevogelgebieten um Hiddensee: "Alle Welt übte ungehindert von April bis Juli die brutalste Eiersuche, die eingesessene Bevölkerung, Fischer...Ausflügler aus Stadt und Land brandschatzten die stillen Inseln zwischen Zingst und Hiddensee, so daß junge Nachkommenschaft nur in ganz vereinzelten Fällen dort aufkommen konnte. Und von Juli bis spät in den Herbst... übten Fischer, Lotsen und Sonntagsjäger dort ... eine leider allzu erfolgreiche Vogeljagd, wodurch Schwäne, Enten, Möwen, Kronschnepfen, Regenpfeifer, Strandläufer und auch alle seltenen Strandvogelarten in so gewaltiger Menge abgeschossen wurden, daß das Federwild in hochgefüllten Säcken in den Handelsverkehr gebracht wurde."

Bald darauf nahmen sich Vogelschutzverbände der wichtigsten Brutgebiete an und es wurden zeitweise beachtliche Bestandszahlen brütender Vögel erreicht. Es entstanden "Seevogelfreistätten" - durch Vogelwärter bewachte Gebiete, die oftmals von den betreuenden Vereinen gepachtet oder gekauft waren.

Genauso nötig es heute ist, für den Naturschutz zu werben, war die Aufklärung der ansässigen Bevölkerung noch vor einem halben Jahrhundert von existenzieller Bedeutung für Hiddensees Vogelschutzgebiete. D.Kühlmann, der 1956 ein populäres Buch ("Schwingen im Seewind") über die Vogelwelt der Fährinsel, einer Hiddensee vorgelagerten kleinen Insel, schrieb, berichtet davon: "Die Männer und vor allem die Jungen kamen mit großen Körben von der Nachbarinsel und plünderten die Nester. Wahllos. Ganz gleich, ob die Eier von seltenen Vögeln...oder ob die Gelege schwach oder stark bebrütet waren. War letzteres der Fall, wurden sie an die Schweine verfüttert. Die guten aber wurden gegessen und an die Badegäste verkauft. Die Möweneier wurden als etwas Besonderes gut bezahlt...Die ersten auf dem Eiland stationierten Vogelschutzleute hatten es schwer... der Vogelwerder (wurde) der Schauplatz manch kleiner Schlacht, in der die "Halbverrückten" oft Prügel bekamen, aber schließlich doch siegten."

Die Vogelwelt Hiddensees hatte bis heute so manche gravierende Einflüsse zu verkraften. Intensive Landwirtschaft, Wiesenentwässerung und Eindeichungen,Touristenströme, rege Bautätigkeit und zwischendurch sogar Erdölprobebohrungen. Erstaunlich, daß Teile Hiddensees trotzdem noch den Vögeln gehören - respektieren wir diese uralten Rechte... !

Vögel erleben auf Hiddensee

Den fortgeschrittenen Vogelbeobachter treibt es meist zu den Plätzen, wo besondere Chancen bestehen, seltene Brutvogelarten oder zur Zugzeit und im Winter gar Irrgäste aus anderen Breiten zu sehen. Dabei wurden und werden oftmals die "alltäglichen" Arten vernachlässigt, so daß wir zwar minutiös über das Brutvogelspektrum der Seevogelschutzgebiete unterrichtet sind, aber relativ wenig über die Brutvorkommen in den letzten Jahrzehnten von einigen "gewöhnlichen" Singvogelarten der Insel bekannt ist. Der vogelkundlich interessierte Tagesbesucher wird verständlicherweise zunächst dorthin streben, wo er die ersehnten Seevögel oder starken Vogelzug erleben kann. Die beigegebene Karte der wichtigsten Beobachtungsorte soll eine erste Orientierung sein und nennt einige (je nach Jahreszeit und Wetterbedingungen) zu erwartende Vogelarten (natürlich "ohne Gewähr"). Freilich werden die meisten Besucher Hiddensees nicht nur wegen der Vögel kommen, sondern die Gefiederten als Teil des farbenfrohen Hiddenseegemäldes der Künstlerin Natur betrachten. Eine Wanderung auf dem Hochland bietet immer wieder wunderschöne Ausblicke zu den Neulandbildungen des Bessin oder auch nach Süden über den gesamten "flachen Teil" der Insel. Zur Vogelzugzeit ist von hier aus der Greifvogel-, aber auch der Kleinvogelzug am besten zu beobachten und von den Steilküsten bietet sich ein weiter Blick auf die Ostsee, die im Winterhalbjahr von den verschiedensten gefiederten Wintergästen aus dem Norden bevölkert wird. Trauerenten, Samtenten, Eiderenten, Eisenten, Seetaucher und Lappentaucher, Großmöwen und Schwäne sind zu beobachten. Besonders zwischen Spätsommer und Frühjahr ist eine Wanderung zum Alten Bessin lohnend. Auf dessen Spitze wurde ein großer Beobachtungsstand errichtet, der einen Blick auf die weiten Sandbänke des Bessin ermöglicht und beeindruckende Scharen rastender Wasservögel erleben läßt. Verschiedene Gänsearten rasten je nach Jahreszeit zu Tausenden. Dazwischen breiten Kormorane die Schwingen zum Trocknen aus, Schwäne putzen ihr Gefieder, die verschiedensten Enten- und Möwenarten ruhen aus und Scharen von Schnepfenvögeln aus nordischen Gefilden sind zu beobachten. Ein Blick von oben auf die Sanddornbestände kann zu

den Zugzeiten so manche schöne Beobachtung auch aus der Klein-
vogelwelt bringen. Noch Mitte der dreißiger Jahre war vom
Neubessin wenig vorhanden. Inzwischen ist diese Neubildung so
weit fortgeschritten, daß der Neubessin schon länger ist als der
Altbessin und noch immer lagert sich unaufhörlich neuer Sand an.

Beobachtungsstand an der Spitze des Altbessin

Zwischen den Orten Kloster und Vitte erstreckten sich einst die
wertvollsten Salzwiesen der Insel mit brütenden Kostbarkeiten wie
Kampfläufer, Alpenstrandläufer und Rotschenkel. Allerdings waren diese Bereiche auch stark sturmflutgefährdet. Um eine Teilung
der Insel zu verhindern errichtete man zum einen einen Steinwall
am Westufer und zum anderen boddenseitig einen Deich, der freilich die prächtigen Salzwiesen entwertete. Vielleicht ist eine
Renaturierung dieser Bereiche zukünftig möglich. Trotzdem sind
die Wiesen auch heute noch ornithologisch nicht uninteressant.
Im mittleren Teil der Insel, zwischen den Orten Vitte und Neuendorf-Plogshagen sind Sandstrandwälle ausgebildet, die von Dünen
und Flugsanddecken überlagert werden. Diese bewegte Dünen-
landschaft begeistert mit ausgedehnten Heidekrautbeständen besonders zur Heideblüte im Sommer die Besucher. Karge
Windausblasungen und vermoorte Senken geben der Landschaft
einen zusätzlichen Reiz. Sumpfohreule, Brachpieper und besonders
zur Zugzeit die unterschiedlichsten Kleinvogelarten, auch aus dem

S. 16 Säbelschnäbler

Norden sind hier zu erwarten. Brandgänse balzen auf den Dünen und die Dohlen begutachten im Frühjahr die Schornsteine der Ferienhäuser als potentielle Brutplätze. In der Nähe der "Heiderose" sind Reste von Salzwiesen erhalten und eine kleine Wasserfläche, der "Dunt", ist wertvoll als Brutplatz einiger Wasservogelarten.Ein Weg führt zur Anlegestelle der Fähre zur "Fährinsel", einem traditionsreichen Seevogelschutzgebiet, bekannt wegen einstmals sehr hoher Brutdichten des Mittelsägers, wegen der Sturmmöwenkolonie und des Brütens seltener Seevögel, wie Schwarzkopfmöwe und Brandseeschwalbe. Das Vogelleben auf der Fährinsel ist vom gegenüberliegenden Ufer aus wenigstens ansatzweise zu beobachten. Die Exkursion südwärts entlang des Weststrandes bietet im Winterhalbjahr nordische Enten und Taucher. Ich erlebte hier südlich von Vitte im März wunderschön balzende Eisenten aus nächster Distanz und Trupps von Knutts, Sanderlingen, Sichel- und Alpenstrandläufern im schönsten Brutkleid. Der "Gellen", der südlichste Teil der Insel, ist ein ausgedehntes Dünengebiet und wurde zusammen mit einer kleinen Insel, dem "Gänsewerder", als Kernzonenbereich des Nationalparks ausgewiesen. Er hat besonders für den Seevogelschutz und dem Schutz rastender Wasservogelscharen große Bedeutung. Schon ab Neuendorf südlich bis zur Abgrenzung des Schutzgebietes gewinnt man einen Eindruck von dieser großartigen Landschaft mit ihrer vielfältigen Naturausstattung.

Die Südspitze Hiddensees, der Gellen mit der kleinen Insel Gänsewerder, gehört zur Kernzone des Nationalparks "Vorpommersche Boddenlandschaft"

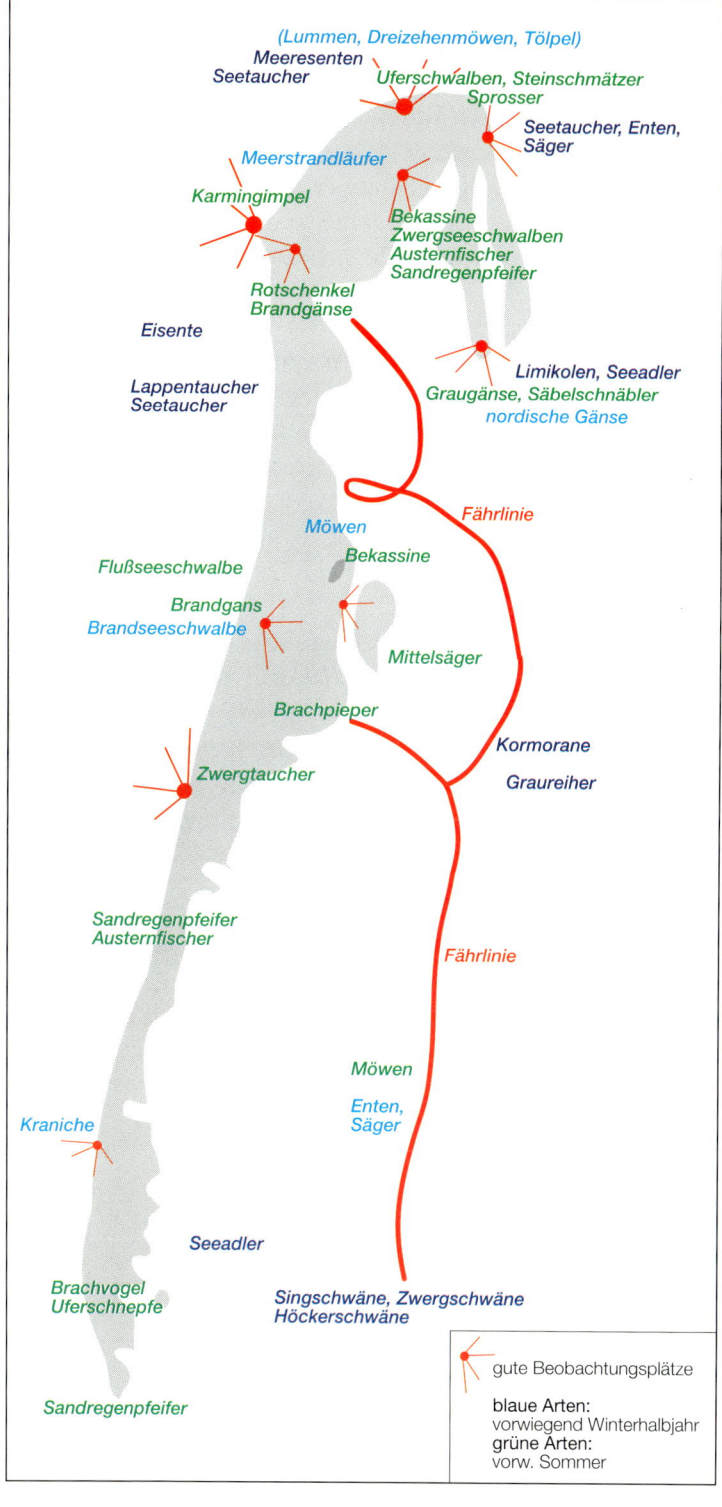

(Lummen, Dreizehenmöwen, Tölpel)
Meeresenten
Seetaucher
Uferschwalben, Steinschmätzer
Sprosser
Seetaucher, Enten,
Säger

Meerstrandläufer
Karmingimpel
Bekassine
Zwergseeschwalben
Austernfischer
Sandregenpfeifer
Rotschenkel
Brandgänse

Eisente

Lappentaucher
Seetaucher

Limikolen, Seeadler
Graugänse, Säbelschnäbler
nordische Gänse

Fährlinie

Möwen
Bekassine

Flußseeschwalbe
Brandgans
Brandseeschwalbe

Mittelsäger

Brachpieper

Kormorane

Graureiher

Zwergtaucher

Sandregenpfeifer
Austernfischer

Fährlinie

Möwen

Enten,
Säger

Kraniche

Seeadler

Brachvogel
Uferschnepfe
Singschwäne, Zwergschwäne
Höckerschwäne

Sandregenpfeifer

gute Beobachtungsplätze

blaue Arten:
vorwiegend Winterhalbjahr
grüne Arten:
vorw. Sommer

Mehr als anderenorts ist die Westküste Hiddensees den zerstören-
den Kräften der häufigen starken Winde aus Nordwest und West
ausgesetzt, und mehr als einmal kam es zu bedrohlichen Situatio-
nen bei gefährlichen Winterstürmen an den schmalsten Teilen der
Insel, so am "Schwarzen Peter" südlich von Neuendorf. Hier brach
die Insel im Jahre 1864 während eines Sturmhochwassers ausein-
ander und es wurde in der Folge ein gepflasterter Damm gebaut,
der heute noch erhalten ist und eine Schutzfunktion erfüllt. Über
diesen Damm wandert es sich schön von Neuendorf aus gen Süden,
wobei sich interessante Einblicke zum Bodden hin ergeben. An einem kleinen Binnengewässer zwischen Deich und Westküste mit
umgebenden Gehölzen lassen sich Rohrsänger und Rallen hören
und zur Zugzeit eine Fülle von Kleinvögeln beobachten. Der schon
erwähnte Steindamm bei Kloster, die "Huckemauer", wurde kurz
vor dem Zweiten Weltkrieg gebaut. Neben dem Schutz der flachen
Inselbereiche südlich von Kloster, dient sie auch der Erhaltung der
Steilküste. Für den Vogelbeobachter ist wichtig, daß dieser Steinwall eine besondere Anziehungskraft auf einige durchziehende und
rastende Vogelarten ausüben kann. Ich sah hier schon Meerstrandläufer und Flußuferläufer, Wasseramsel und Eisente, Eiderente und Gänsesäger auf den Steinen ruhen.

Das weiße Gefieder der Möwen, die Flugspiele der Seeschwalben,
der wehmütige Ruf der Regenpfeifer oder die melodischen Gesän-
ge von Sprosser und Karmingimpel gehören ebenso zur Inselnatur

Der Steindamm am "Schwarzen Peter" südlich von Neuendorf

wie Steine und Sand, wie Wellenschlag und Meeresrauschen. Besonders die Gewässer zwischen Rügen und Hiddensee sind auch als Rastgewässer für viele Wasservogelarten von großer Bedeutung. Schon auf der Schiffsfahrt von Stralsund oder Schaprode zur Insel sieht man Kormorane und manchmal auch Graureiher auf den Reusenpfählen sitzen. Die Boddengewässer am Bessin und des Vierendehlgrundes (am Gellen) sind vom Spätsommer bis in den Winter hinein Konzentrationsgebiete mit Ansammlungen von bis über 1000 Höckerschwänen und bis zu 500 Singschwänen. Auch der Zwergschwan rastet in kleinen Trupps und mit etwas Glück lassen sich auf dem Eis sitzende Seeadler ausmachen. Vom Spätsommer bis zum Winterbeginn können sich Hunderte von Kanadagänsen einfinden. Seltener sind Ringelgänse und Weißwangengänse.

Ansprechende Wegweiser sind vielerorts, wie hier am Bessin, aufgestellt; daneben ein Abstellplatz für Fahrräder, denn der Aussichtspunkt an der Spitze des Altbessin ist nur zu Fuß erreichbar.

*Zwergseeschwalben
am Neuen Bessin:
- brütender Altvogel
- gerade geschlüpfte Junge
- Gelege*

Auftreten und Brutzeiten einiger Hiddenseer Vogelarten

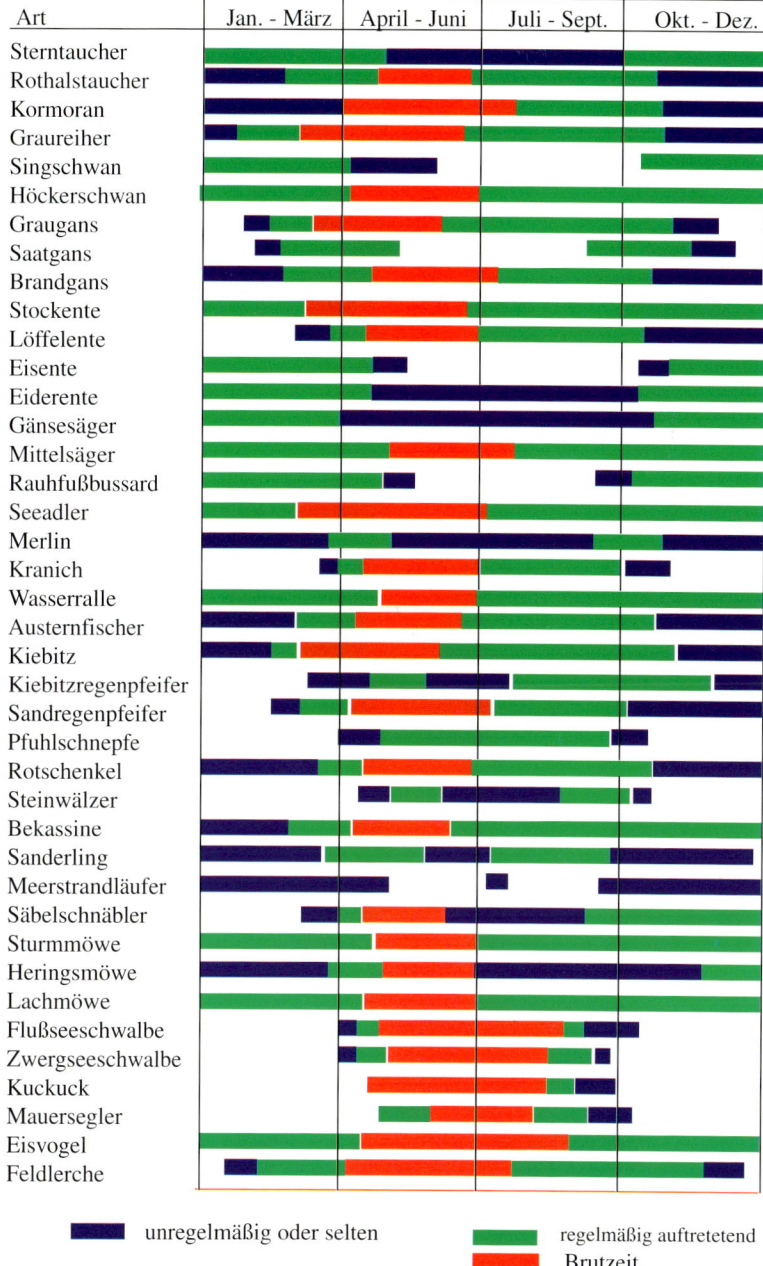

Art	Jan. - März	April - Juni	Juli - Sept.	Okt. - Dez.
Sterntaucher				
Rothalstaucher				
Kormoran				
Graureiher				
Singschwan				
Höckerschwan				
Graugans				
Saatgans				
Brandgans				
Stockente				
Löffelente				
Eisente				
Eiderente				
Gänsesäger				
Mittelsäger				
Rauhfußbussard				
Seeadler				
Merlin				
Kranich				
Wasserralle				
Austernfischer				
Kiebitz				
Kiebitzregenpfeifer				
Sandregenpfeifer				
Pfuhlschnepfe				
Rotschenkel				
Steinwälzer				
Bekassine				
Sanderling				
Meerstrandläufer				
Säbelschnäbler				
Sturmmöwe				
Heringsmöwe				
Lachmöwe				
Flußseeschwalbe				
Zwergseeschwalbe				
Kuckuck				
Mauersegler				
Eisvogel				
Feldlerche				

unregelmäßig oder selten   regelmäßig auftretetend

Brutzeit

23

Vogelzug

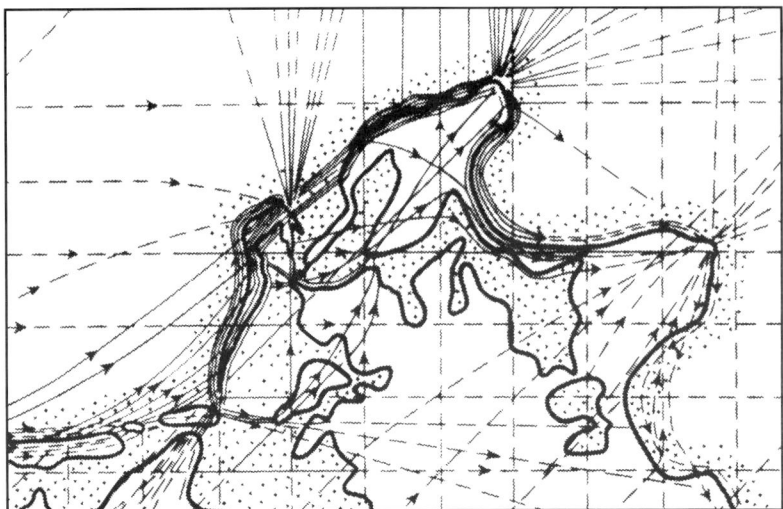

*Hiddensee - ein Schwerpunkt des Vogelzuges zwischen Rügen und Zingst
(Frühjahrszug) n.Rautenberg; Zugrichtungen beobachtet = gestrichelt
Zugrichtungen rekonstruiert= ausgezogen*

Die in Nord-Süd-Richtung langgestreckte Insel Hiddensee verursacht eine
Leitlinienwirkung bei den ziehenden Vogelarten. Auf Hiddensee und Rügen treffen sich die Scharen der skandinavischen Durchzügler mit denen
aus Osteuropa, die längs der östlichen Ostseeküste wandern. An Zugtagen
im Herbst sind an den nördlichen Steilufern oftmals aus Skandinavien an-
kommende Zugvögel zu beobachten, und an der Ostküste treffen Vögel
von Rügen her auf der Insel ein. Im Frühjahr, wenn die zur nordischen
Brutheimat strebenden Vögel aus Süd- oder Südwest auf die Insel fliegen,
wandern sie die ganze Insel entlang, um dann an der Nordküste in Richtung Nordost und Nord Hiddensee wieder zu verlassen.Doch kann der
Abflug auch schon eher, südlicher, in Richtung Rügen erfolgen Besonders
Witterungseinflüsse können die Zugrichtungen und das Zugverhalten der
Vogelschwärme oder ziehender Einzelvögel ändern, so daß es auch schein-
bar gegensätzliche Zugbewegungen geben kann.Eine Reihe von Vogelarten, besonders die Schnepfenvögel, ziehen nachts, so daß das Zug-
geschehen weniger gut zu verfolgen ist. Besonders eindrucksvoll sind die
Schwärme der ziehenden Kraniche, die ihre Rast- und Schlafplätze südlich von Hiddensee und auf Westrügen haben. Besonders zur Herbstzug-
zeit verweilen die Tiere wochenlang und sind dann gut zu beobachten.

Ornithologische Forschung auf Hiddensee

Die ornithologische Forschung hat auf der Insel lange Tradition und bekannte Namen wie *Hugo Schilling* und *Ernst Hübner* beobachteten im 19. Jahrhundert auf Hiddensee. Ab 1910 bemühten sich mehrere ornithologische Vereine um den Schutz von Seevögeln auf Hiddensee und der Gellen erhielt den etwas irreführenden Namen "Vogelwarte Hiddensee-Süd". *Robert Stadie* gründete 1936 die Vogelwarte als Institution, die bis heute fortbesteht. Unter der Leitung von *H.Schildmacher* (1907-1976) wurde hier die Zentrale für die wissenschaftliche Vogelberingung in der DDR geschaffen. Eine ganze Generation von Feldornithologen und Vogelberingern wurde auf Hiddensee weitergebildet und einer großen Zahl von Besuchern, vor allem auch Studenten der Universität Greifswald war die Möglichkeit gegeben, die Insel kennenzulernen und Einblicke in die Arbeit der Ornithologen der Vogelwarte und der Mitarbeiter der "Biologischen Forschungsanstalt Hiddensee" zu nehmen. Während *Schildmacher* besonderen Wert auf physiologische Aspekte der Vogelforschung legte, rückten unter *A.Siefke,* der von 1972-1992 die Leitung der Vogelwarte innehatte, populationsökologische Fragestellungen bei Seevogelarten in den Vordergrund. Seit 1992 liegt das Schwergewicht der Forschung der Vogelwarte (Leiter *A.Helbig)* auf avifaunistischen Projekten, beispielsweise mit umfänglichen Rasterkartierungen , Untersuchungen zur Zugstrategie und zur Rastplatzökologie von Limikolen.Darüber hinaus sollen Forschungsvorhaben zur Klärung von Verwandschaftsverhältnissen bei Vögeln durch genetische Untersuchungen beitragen (Dierschke; Helbig, u. Köppen, 1995).

Goldhähnchen im Netz
links: die Vogelwarte

Hiddensees Vogelwelt

Seetaucher

Als Seetaucher werden fünf Arten arktischer, gut tauchender Wasservögel bezeichnet, die allesamt im Herbst ihr prächtiges Brutkleid gegen ein schlichtes Wintergefieder eintauschen.

An den Küsten der Insel Hiddensee erscheint der **Prachttaucher** *(Gavia arctica)* vor allem im Winterhalbjahr, doch kann es auch zu Übersommerungen kommen. Die Art brütet in Nord- und Nordosteuropa. Vom **Eistaucher** *(Gavia immer)* und dem sehr ähnlichen **Gelbschnabel-Eistaucher** *(Gavia adamsii)* liegen von Hiddensee und Rügen nur einzelne Beobachtungen und Todfunde vor. Dagegen sind die Chancen, an der Außenküste von Hiddensee im Winterhalbjahr den **Sterntaucher** *(Gavia stellata)* anzutreffen, recht günstig. Meist sind es Einzeltiere, doch wurden auch schon kleine Trupps von fünf bis zehn Exemplaren, vor allem zur Zugzeit im März oder Anfang April gesichtet.

Von den in Mitteleuropa brütenden Lappentaucherarten lassen sich die schwimmenden Seetaucher gut durch ihre tiefe Lage im Wasser und der schrägen Kopfhaltung unterscheiden (dann aber nicht mit schwimmenden Kormoranen verwechseln!). Kopf und Hals werden beim Fliegen tiefer gehalten als der übrige Körper. Im Ruhekleid sind die Seetaucher schwer zu unterscheiden. Der Sterntaucher ist aber wesentlich kleiner als der Prachttaucher.

Sterntaucher im Brutkleid

Lappentaucher

Anders als bei den Seetauchern brüten zumindest drei der fünf Lappentaucherarten auf der Insel Hiddensee. Der **Haubentaucher** *(Podiceps christatus)* brütet regelmäßig in einigen Paaren, beispielsweise in den Schilfbeständen zwischen Altem und Neuem Bessin, während der **Rothalstaucher** *(Podiceps griseigena)* nur unregelmäßig als Brutvogel erscheint.

Der **Zwergtaucher** *(Podiceps ruficollis)* ist u.a. am "Schwarzen Peter" südlich von Neuendorf oder auch am Alten Bessin zu entdecken. **Schwarzhalstaucher** *(Podiceps nigricollis)* und **Ohrentaucher** *(Podiceps auritus)* sind nur sehr selten auf dem Durchzug zu registrieren. Bestes Unterscheidungsmerkmal dieser zwei im Ruhekleid sehr ähnlichen Arten ist der Schnabel, der beim Schwarzhalstaucher leicht aufgeworfen und beim Ohrentaucher gerade ist.

Zwergtaucher mit Jungen

brütender Haubentaucher   *Rothalstaucher mit Jungen*

Kormoran und Graureiher

Kormoran mit Aalbeute   *Graureiher*

Der **Kormoran** *(Phalacrocorax carbo)* ist Brutvogel auf der benachbarten Insel Rügen. Dieser gänsegroße, schwarzgefiederte Wasservogel gehört wie auch der **Graureiher** *(Ardea cinerea)* zu den häufigeren Vogelarten, die der Besucher von Hiddensee mit ziemlicher Sicherheit beobachten kann. Schon auf der Schiffsfahrt von Stralsund oder Schaprode zur Insel sitzen Kormorane und manchmal auch Graureiher auf den Reusenpfählen und trocknen ihr Gefieder.

Flugbilder von Kormoran (links) und Graureiher:

Schwäne

An Hiddensees Küsten und auf den Boddengewässern sind drei Schwanenarten zu erwarten. Brutvogel ist nur der allbekannte **Höckerschwan** *(Cygnus olor)*. Auf dem Durchzug kommen **Singschwan** *(Cygnus cygnus)* und **Zwergschwan** *(Cygnus columbianus)* dazu.

Höckerschwäne am Bessin "imponieren" (Reviermarkierung)

Die Boddengewässer zwischen Hiddensee und Rügen, besonders am Bessin und des Vierendehlgrund (am Gellen) sind vom Spätsommer bis in den Winter hinein Konzentrationsgebiete mit Ansammlungen von bis über 1000 Höckerschwänen und bis zu 500 Singschwänen. Der Zwergschwan rastet in kleineren Trupps. Diese Art ist für Hiddensee erst seit 1953 als regelmäßiger Gast bekannt. Ab Anfang Oktober ist mit Zwergschwänen zu rechnen und oftmals werden die Rastplätze von Westrügen und Hiddensee einige Wochen lang besetzt. Kleine Trupps versuchen auch zu überwintern und ziehen erst ab, wenn Eisbildung einsetzt. Der Heimzug-Höhepunkt in Richtung Nordosten liegt im März.. Das trifft auch für den Singschwan zu. So sahen H.u.W.Dittberner am 1.3.1992 bei Ummanz 1448 Exemplare dieser Art (davon 109 vorj.Jungvögel).

Gänse

Besonders im Herbst sind die durchziehenden Scharen der nordischen Gänsearten auf Rügen und Hiddensee ein beeindruckendes Erlebnis für jeden Naturfreund. Doch auch die heimische **Graugans** *(Anser anser)* sammelt sich schon im Sommer in großen Trupps auf den Boddengewässern besonders vor dem Bessin. Vom Beobachtungsturm des Alten Bessin aus, sind die rastenden Scharen auf den Sandbänken gut zu beobachten. Vor allem im August können einige Tausend Graugänse hier rasten.

Ab September werden die Graugänse von den nordischen Wildgänsen in der Anzahl übertroffen. Besonders die **Bleßgans** *(Anser albifrons)* erreicht im Oktober im Gebiet Rügen und Hiddensee Höchstzahlen von bis zu 50000 Exemplaren. Die **Saatgans** *(Anser fabalis)* erreicht nicht so hohe Durchzugszahlen wie die Bleßgans, doch können oftmals auch einige Tausend Tiere der Art gezählt werden.

Auch bei den "grauen Gänsen" ist die Unterscheidung durch den Schnabel und die unterschiedliche Ausbildung der Kopfzeichnung ("Blesse") hilfreich. Daneben sind die sehr unterschiedlichen Stimmen der Arten bei der Unterscheidung wichtig.

Graugänse sammeln sich im Spätsommer vor dem Bessin

Seite 31:   *Bleßgans*   *Saatgans*
            Ringelgans   *Kanadagans*

Seit einigen Jahrzehnten spielt auch die **Kanadagans** *(Branta canadensis)* als rastende Gänseart auf den Boddengewässern zwischen Hiddensee und Rügen eine größere Rolle. Sie wurde auf Hiddensee erstmals 1955 beobachtet. Inzwischen können sich vom Spätsommer bis zum Winterbeginn Hunderte von Kanadagänsen einfinden. Die Art ist in Schweden eingebürgert worden und hat inzwischen auch schon auf Rügen gebrütet. Besonderes Kennzeichen ist die weiße, bis an die Kopfseiten hinaufreichende Kinnbinde. Eine ähnliche Kopfzeichnung hat die **Weißwangengans** *(Branta leucopis)*, sie ist aber erheblich kleiner als die Kanadagans. Charakteristisch ist die Stimme: ein schnell wiederholtes, bellendes "gnak". In kleinen Flügen besucht die Art auch Hiddensee, was auch für die **Ringelgans** *(Branta bernicla)* zutrifft. Sie ist noch etwas kleiner als die Weißwangengans und von den vorangegangenen Arten durch den gänzlich schwarzen Kopf leicht zu unterscheiden. Altvögel der Art haben kleine weiße Flecke an den Halsseiten, was dieser Gans den Namen gegeben hat.

Manchmal sind auch seltenere Gänsearten auf Hiddensee zu erleben. So wurde der Verf., am 7.9.1980 in einem Ansitzversteck auf einer Sandbank des Neuen Bessin beobachtend, vom Anblick einer **Nilgans** *(Alopochen aegyptiacus)* überrascht, die sich zwischen Graugänsen aufhielt. Sie trug keinen Ring, der auf eine Gefangenschaftshaltung hinwies. Vielleicht stammte das Exemplar aus Holland, wo es eine freilebende Population dieser Art gibt.

Nilgans (Pfeil) zwischen Graugänsen am Neuen Bessin (7.9.1980)

Die **Brandgans** *(Tadorna tadorna)* ist eine der schönsten Brutvogelarten der Insel Hiddensee. Sie ist durch ihre Farbigkeit unverkennbar. Die Männchen tragen zur Brutzeit einen Höcker am kräftig roten Schnabel, das Weibchen einen weißen Ring an der Schnabelbasis. Die Brandgans nistet in Höhlungen aller Art, sogar in Kaninchen- oder Fuchsbauen, manchmal auch frei in dichter Vegetation. Besonders auf dem Bessin, in der Dünenheide zwischen Vitte und Neuendorf und auf der Fährinsel gibt es Brutpaare. Wird die Gans beim Brüten gestört, zischt sie abwehrend. Auf der Fährinsel nistet die Art gern unter den Wacholderbüschen. Besonders reizvoll ist das Balzgebahren , das im April und Anfang Mai zu beobachten ist. Die Jungvögel werden oftmals zu "Kindergärten" zusammengefaßt, die von einigen Altvögeln betreut werden.
Zu den Zugzeiten, im März und April oder auch im Juli und August, wenn die Brandgänse zu den Mauserplätzen abwandern, kann es in den Gewässern am Bessin oder am Gellen zu größeren Ansammlungen von einigen Hundert Brandgänsen kommen.

kämpfende Brandganserpel, rechts ein Weibchen

Enten

Die seltenste und auch nur sehr sporadisch auf oder bei Hiddensee brütende Entenart ist die **Pfeifente** *(Anas penelope)*. Häufiger ist diese Art als Durchzügler. Besonders im Herbst können hin und wieder einige Tausend Pfeifenten um Hiddensee gezählt werden. Der Brutbestand der **Schnatterente** *(Anas strepera)* hat sich auf Rügen und Hiddensee in den letzten Jahrzehnten positiv entwikkelt. In den meisten Seevogelschutzgebieten kommt die Art in einigen Paaren vor. Der Zug gestaltet sich wenig auffällig. Auch die **Krickente** *(Anas crecca)* ist Brutvogel, z.B. auf der Fährinsel. Zu den Zugzeiten im März/ April und September/ Oktober können Rastgemeinschaften von einigen hundert Tieren zur Beobachtung kommen. Wie anderenorts ist auch auf Hiddensee die **Stockente** *(Anas platyrhynchos)* die am zahlreichsten brütende Entenart. Die Bestandszahlen schwanken allerdings sehr, so werden für die Fährinsel jährliche Brutpaarzahlen zwischen 3 und 82 Paaren gezählt. Neben den großen Rastgemeinschaften zur Zugzeit, kann es auch im Winter zu beträchtlichen Ansammlungen kommen. Noch zu Anfang dieses Jahrhunderts war die **Spießente** *(Anas acuta)* in einigen Paaren Brutvogel auf Hiddensee. Heute brütet sie nur noch auf der kleinen Vogelinsel Heuwiese im Kubitzer Bodden. Zu den Zugzeiten rasten kleine Trupps in den Gewässern um Hiddensee. Vorwiegend auf den Vogelschutzinseln brütet die **Knäkente** (Anas querquedula) in einigen wenigen Paaren. Auch die **Löffelente** (Anas clypeata) ist besonders ein Bewohner der Vogelschutzgebiete. Zu Beginn dieses Jahrhunderts wurde sie noch als "häufiger Brutvogel" bezeichnet *(Schildmacher, 1961)*. Im März und April und August bis Oktober sind am Bessin und bei Neuendorf teilweise beträchtliche Rastgemeinschaften der Art, die durch den markanten Schnabel auffällt, anzutreffen.Die **Kolbenente** *(Netta rufina)* ist eher eine Rarität und nur ausnahmsweise auf den Boddengewässern zu sehen. Bei Vereisung der Boddengewässer ist die häufige **Tafelente** *(Aythya ferina)* auch hin und wieder an der Westküste der Insel anzutreffen, doch die größten Scharen von tausenden rastenden Tafelenten halten sich besonders im Oktober und November auf den Boddengewässern auf.

Seite 35:   *Stockenten | Krickenten*
             Reiherente | Knäkente

Dort tummeln sich zu den Rastzeiten auch beträchtliche Scharen der **Reiherente** *(Aythya fuligula)*. Hauptrastgebiete sind beispielsweise der Strelasund und der Vierendehlgrund am Gellen. Die Art ist Brutvogel der Vogelschutzgebiete. Eine weniger bekannte Entenart ist die **Bergente** *(Aythya marila)*. Auf den Gewässern zwischen Hiddensee und Rügen rasten vor allem im Spätherbst größere Trupps, die nach Kälteeinbrüchen zur Hiddenseer Westküste ausweichen.

Die nordische **Eiderente** *(Somateria mollissima)* ist seit kurzem Brutvogel auf der Heuwiese, einer Vogelschutzinsel zwischen Rügen und Hiddensee. Regelmäßig sind Eiderenten im Winterhalbjahr an der Westküste, meist ab September, zu sehen. Im Oktober können schon einmal an der Hucke einige hundert Exemplare gezählt werden. Im Frühjahr sind im April größere Ansammlungen vorhanden. Die hochnordische **Prachteiderente** *(Somateria spectabilis)* dagegen ist bisher nur einige wenige Male an den Außenküsten Hiddensees und Rügens nachgewiesen worden. Etwas regelmäßiger erscheint vor Hiddensee eine andere nordische Entenart, die **Scheckente** *(Polysticta stelleri)* , die trotzdem sehr selten, zwischen November und März zu erwarten ist.

Ein regelmäßiger Wintergast ist dagegen die **Eisente** *(Clangula hyemalis)*, die besonders an der nördlichen Außenküste Hiddensees in beträchtlicher Zahl als Wintergast auftreten kann. So wurde beispielsweise am 19.4.1986 eine Ansammlung von 15000 Eisenten vor der Westküste Hiddensees notiert (Müller,1988).

Eisenten

Eiderente, Erpel   *Schellente, Erpel*

Ebenso regelmäßig, aber bei weitem nicht so häufig wie die Eisente, erscheint die **Trauerente** *(Melanitta nigra)* als Wintergast vor Hiddensee. Meist sind es kleinere Trupps bis zu 50 Enten, die an den Außenküsten rasten oder ziehend zu beobachten sind.

Von der **Samtente** *(Melanitta fusca)* gab es nach Homeyer (1881) bis Ende des 19.Jahrhunderts vor Hiddensee einen Mauserplatz mit hunderten von Männchen. Heute ist die Anzahl der vor Hiddensee erscheinenden Samtenten gering. Von der nordischen **Spatelente** *(Bucephala islandica)* gibt es nur zwei Beobachtungen.

Die **Schellente** *(Bucephala clangula)* ist ganzjährig auf Hiddensee anzutreffen. Die größten Konzentrationen finden sich zwischen Oktober und Februar. Abhängig von den Eisverhältnissen sind dann schon einmal entweder am Vierendehlgrund oder an der nördlichen Außenküste einige Tausend Schellenten zu beobachten.

Säger

Die Säger sind den Tauchern ähnlicher als den Enten. Ihr spezialisierter, mit vielen kleinen Hornzähnchen besetzter Schnabel ermöglicht es ihnen ihre bevorzugte Nahrung, Fische, zu erbeuten.

Auf Hiddensees Gewässern erscheinen drei Arten. Die kleinste Art ist der **Zwergsäger** *(Mergus albellus),* der als Durchzügler und Wintergast meist nur in geringer Zahl erscheint. Die Männchen sind auffallend schwarz-weiß gefärbt, bei den Weibchen ist der braune Oberkopf auffällig. Zwergsäger brüten in Nordskandinavien.

Zwergsäger, Männchen   *brütendes Mittelsäger-Weibchen*

Mittelsäger- Weibchen mit Jungen am Neuen Bessin

Der **Mittelsäger** *(Mergus serrator)* ist Brutvogel auf der Insel
Hiddensee. Brutorte sind der Bessin, die Dünenheide und der Gellen und als wichtigster Brutplatz die Fährinsel. Die Art ist größer
als der Zwergsäger und kleiner als der Gänsesäger. Im Unterschied
zum Gänsesäger ist der Hals des Männchens teilweise braun. Das
fliegende Weibchen kann durch den etwas größeren Flügelspiegel
vom Gänsesäger unterschieden werden. Der **Gänsesäger** *(Mergus
merganser)* ist seltener Brutvogel auf der Insel Rügen sowie Durchzügler und Wintergast auf Hiddensees Gewässern. Hier erscheint er
je nach Witterungsverhältnissen unterschiedlich häufig. Ansammlungen zwischen Rügen und Hiddensee können zu Ausgang des Win-
ters schon einmal zu Hunderten zählen. Die männlichen Gänsesäger
sind kontrastreich weiß und schwarz (mit grünem Glanz) gefärbt.
Das Schlichtkleid der Männchen (Juni bis November), ist unscheinbar braun und grau und ähnelt dann dem Gefieder der Weibchen.

Greifvögel

Vom **Steinadler** *(Aqila chrysaetos)*, **Schelladler** *(Aquila clanga)* und vom **Schreiadler** *(Aquila pomarina)* liegen bisher nur einige wenige Beobachtungen von der Insel Hiddensee vor, die aber zeigen, daß durchaus auch mit diesen seltenen Arten zu rechnen ist. Der **Mäusebussard** *(Buteo buteo)* kommt ganzjährig auf der Insel vor, während der nordische **Rauhfußbussard** *(Buteo lagopus)* regelmäßiger Durchzügler und Wintergast ist. Bestes Kennzeichen der letzteren Art ist der weiße Bürzel.

Rauhfußbussard

Der **Sperber** *(Accipiter nisus)* ist sporadischer Brutvogel und häufiger Durchzügler. Von November bis März sind überwinternde Sperber auf der Insel. Auch der **Habicht** *(Accipiter gentilis)* hat in den letzten Jahren auf Hiddensee gebrütet. Ziehende Exemplare sind hin und wieder zu beobachten. Der **Rotmilan** *(Milvus milvus)* ist Brutvogel auf Rügen und auch vom **Schwarzen Milan** *(Milvus migrans)* liegen von Hiddensee nur Beobachtungen von umherstreifenden und durchziehenden Vögeln vor. Auch letztere Art ist Brutvogel auf der Insel Rügen.

Der einzige bekanntgewordene Brutnachweis des **Seeadlers** *(Haliaeetus albicilla)* auf der Insel Hiddensee datiert aus dem Jahr 1880 (Tancre 1881), als sich auf dem Gellen ein Bodenhorst fand.

Seeadler auf der Sandbank vor dem Bessin

Heute brütet der Seeadler noch auf der Insel Rügen. Doch auch auf Hiddensee sind das ganze Jahr über Seeadlerbeobachtungen möglich. Vor allem in strengeren Wintern kann es zu beachtlichen Ansammlungen auf dem Eis zwischen Rügen und Hiddensee kommen, wenn eisfreie Stellen mit Wasservogelkonzentrationen den Seeadlern Beute bieten. Nicht selten sind dann zwischen 5 und 50 (s.Zeitungsausriß) Seeadler anzutreffen.

Ein regelmäßiger Durchzügler auf Hiddensee, besonders im August und September, ist der **Wespenbussard** *(Pernis apivorus)*. Er unterscheidet sich durch die schmaleren Flügel und dem längeren Schwanz vom Mäusebussard. Es kann auf Hiddensee zu Zugmassierungen dieser Art kommen.

Die **Rohrweihe** *(Circus aeruginosus)* ist Brutvogel. Mit ihrem schaukelnden Flug inspiziert sie die Schilfgebiete zwischen Altem und Neuem Bessin oder am Dunt in der Dünenheide. **Kornweihe** *(Circus cyaneus)* und **Wiesenweihe** *(Circus pygargus)* sind dagegen nur Durchzügler bzw. erreichen umherstreifende Weihen auch Hiddensee.

Die grauen Männchen von Korn-und Wiesenweihe sind sich recht ähnlich. Bestes Unterscheidungsmerkmal ist die schwarze Flügelbinde der Wiesenweihe. Die Weibchen sind braun, wobei das Wiesenweihen-Weibchen schlanker ist und das Weiß des Bürzels weniger ausgeprägt erscheint als das der Kornweihe.

Bei der Rohrweihe sind beide Geschlechter braun gefärbt. Die Weibchen und Jungvögel besitzen einen gelb-braunen Oberkopf.

Seeadler-Treffen

Bergen (AP). Eine einmalige Ansammlung der vom Aussterben bedrohten Seeadler ist gegenwärtig im Nordwesten der Ostsee-Insel Rügen zu beobachten. An Eislöchern des Rassower Stroms zwischen Rügen und der vorgelagerten Insel Hiddensee sind in den vergangenen Tagen bis zu 48 der seltenen Greifer auf engstem Raum gezählt worden.

29.1.96 Nordkurier

Seeadler

40

Vom **Fischadler** *(Pandion haliaetus)* ist von der "Düne Hiddensee" der ungewöhnliche Fall einer Bodenbrut aus dem vorigen Jahrhundert überliefert (Sternberg, 1884). Heute ist der Fischadler nur noch als Durchzügler auf der Insel anzutreffen. Sogar der **Wanderfalke** *(Falco columbaris)* war einst Brutvogel auf Hiddensee. An dem Steilufer des Dornbusches und an den Klippen des Kap Arkona und der Stubnitz auf Rügen befanden sich die einzigen Felsenbrutplätze der norddeutschen Tiefebene. Nur selten ist die Art heute durchziehend zu beobachten. Häufiger kommen da im Sommer schon **Baumfalken** *(Falco subbuteo)* von den nahegelegenen Brutplätzen Rügens auf die Insel und im Winterhalbjahr streicht der **Merlinfalke** *(Falco columbaris)* über die Dünenheide. Der prächtige nordische **Gerfalke** *(Falco rusticolus)* ist bisher nur ein einziges Mal (1955) auf Hiddensee nachgewiesen worden (Küchler, 1958).

In manchen Jahren verirrten sich auch schon einmal die dunklen **Rotfußfalken** *(Falco vespertinus)* nach Rügen und Hiddensee. So waren es im August 1979 immerhin 20 Jungvögel der Art, die in der Dünenheide beobachtet wurden (Müller, 1983). Der **Turmfalke** *(Falco tinnunculus)* dagegen ist Brutvogel. Gelegentlich nistet die Art an der Steilküste des Dornbusch.

Wanderfalke hat eine junge Großmöwe geschlagen

Hühnervögel

Über die Brutverbreitung und den Durchzug von **Rebhuhn** *(Perdix perdix)*, **Wachtel** *(Coturnix coturnix)* und **Jagdfasan** *(Phasanius colchicus)* auf Hiddensee ist relativ wenig bekannt. Alle drei Arten haben auf der Insel schon gebrütet, was gegenwärtig wahrscheinlich nicht mehr der Fall ist. Bemerkenswert ist die Meldung von ca. 50 auf Hiddensee verhörten und beobachteten Wachteln in der Nacht vom 7. und 8.8.1952 (Mauersberger 1957).

Kranich

Der **Kranich** *(Grus grus)* brütet auf Hiddensee nicht, doch spielte die Insel in der Vergangenheit offenbar als Rastplatz eine bedeutende Rolle, was die Meldung von Lindner (1916) beweist, der am Bessin "viele Tausende" beobachtete. Doch auch jetzt noch rasten am Bessin und besonders auf dem Gellen (in Verbindung mit der Rastplatz Werderinseln und Bock) in wechselnder Zahl Kraniche.

Kraniche ziehen zum Rastplatz

Rallen

Die **Wasserralle** *(Rallus aquaticus)* ist sporadisch Brutvogel auf der Insel, während das bei der **Tüpfelralle** *(Porzana porzana)* nicht sicher ist. Von der Art wurde zuletzt 1915 ein Gelege gefunden und seitdem lediglich Brutverdacht geäußert (Schildmacher 1961). Die **Kleinralle** *(Porzana parva)* wurde bisher zwei mal auf Hiddensee nachgewiesen. Auch vom **Wachtelkönig** *(Crex crex)* gibt es zwar

Beobachtungen von der Insel, aber keine Brutnachweise. Dagegen ist die **Teichralle** *(Gallinula chloropus)* mit etwa fünf Paaren regelmäßiger Brutvogel. Auch die **Bleßralle** *(Fulica atra)* ist Brutvogel (ca.25 Brutpaare) und bildet im Winterhalbjahr beachtliche Ansammlungen. Zwischen Rügen und Hiddensee können sich bis zu 30000 Bleßrallen aufhalten. Bei starker Eisbildung weichen die Tiere zur offenen Küste aus.

Wasserralle auf dem Nest   *Teichralle*

Schnepfenvögel

Für den schwarz-weiß-roten **Austernfischer** (Titelfoto) *(Haematopus ostralegus)* existieren in den Vogelschutzgebieten noch gute Brutmöglichkeiten. Die Zahl der Brutpaare ist aber von Jahr zu Jahr recht unterschiedlich. Auf dem Bessin sind es meist zwischen 10 und 15 Paare. Die zwei bis vier Eier werden in Mulden auf die kurzgrasigen Wiesen oder in den Sand gelegt. Beim **Kiebitz** *(Vanellus vanellus)* hat es auch auf der Insel Hiddensee eine beträchtliche Bestandsabnahme gegeben. Während 1912 noch 108 Gelege gefunden worden sind, wurden um das Jahr 1960 gerade noch 20 Brutpaare registriert. Februar bis April und vom Juli bis November sind ziehende Kiebitze in mehr oder weniger großen Ansammlungen häufig zu sehen. Zu Überwinterungen kommt es kaum. Auch für den **Sandregenpfeifer** *(Charadrius hiaticula)* stellt der Bessin ein wichtiges Brutrevier auf Hiddensee dar. Um die 40

43

Brutpaare nisten hier. Größere Ansammlungen von 100 und mehr Exemplaren können sich zu den Zugzeiten im März und April und Juli bis Oktober besonders am Bessin aufhalten. Auch der **Flußregenpfeifer** *(Charadrius dubius)* hat schon auf dem Bessin (1 Paar 1982, Müller 1985) gebrütet. Bis 1916 brütete auch der **Seeregenpfeifer** *(Charadrius alexandrinus)* auf Hiddensee regelmäßig. Seitdem wurden zwei Brutversuche vom Bessin bekannt (Schmidt 1975 und Müller 1981). Auch Durchzugsdaten sind von dieser Art eher selten.

Sandregenpfeifer stellt sich in der Nähe der Jungen flügellahm

Die "großen Regenpfeifer" sind Gäste aus Nordeuropa und können zu den Zugzeiten auf Hiddensee angetroffen werden. Die seltenste der drei Arten ist der **Mornellregenpfeifer** *(Eudromias morinellus)*, der bisher erst achtmal von der Insel gemeldet wurde. Die meisten Mornells wurden im August oder September gesehen, nur ein Tier im Mai. Weit häufiger ist dagegen der **Kiebitzregenpfeifer** *(Pluvialis squatarola)*, der besonders im September und Oktober ziemlich regelmäßig auftritt. So hielten sich z.B. am 14.10.1978 sechshundert Exemplare am Bessin auf (Nehls in Klafs/Stübs 1987). Große Rastgemeinschaften vor allem auf den Feldern Rügens und in geringerer Zahl auch auf Hiddensee bildet der **Goldregenpfeifer** *(Pluvialis apricaria)*, der auch länger als der Kiebitzregenpfeifer verweilt und noch bis in den Dezember hinein (wetterabhängig) in kleinen Trupps anwesend sein kann. Im Ruhekleid sind sich Kiebitzregenpfeifer und Goldregenpfeifer recht ähnlich und können dann am ehesten im Fluge, wenn die Kiebitzregenpfeifer ihre schwarzen Achselfedern zeigen, unterschieden werden.

Noch 1895 brüteten auf Hiddensee mindestens 10 Paare des **Stein-wälzers** *(Arenaria interpres)*, doch schon 1918 wurde das letzte Gelege gefunden. Vielleicht kam es auch danach noch hin und wieder zu Brutversuchen. Kleine Trupps sind zu den Zugzeiten nicht selten. Die durch das "Meckern", den Balzgeräuschen, die sie mit den äußeren Schwanzfedern verursacht, bekannte **Bekassine** *(Gallinago gallinago)*, ist ein kurzbeiniger, langschnäbliger Schnepfenvogel mit braunem Gefieder. Beim Auffliegen ist der Zickzackflug kennzeichnend. Bekassinen brüten in wenigen Paaren auf Hiddensee. Häufiger ist sie zu den Zugzeiten an Gewässerrändern anwesend. Die **Waldschnepfe** *(Scolopax rusticola)* ist als Durchzügler vor allem auf dem Dornbusch anzutreffen. Ihr Lebensraum sind feuchte Laub-und Mischwälder.

Brutvogel war der **Große Brachvogel** *(Numenius arquata)* bisher auf Hiddensee nur sehr sporadisch (Gellen), doch ist die Art als Durchzügler nicht selten und sollte nicht mit dem **Regenbrachvogel** *(Numenius phaeopus)*, seinem nordischen Verwandten verwechselt werden, der vor allem im April / Mai und August bis Oktober durchzieht. Kennzeichen des Regenbrachvogels sind der relativ kurze Schnabel und die braune Längsstreifung am Oberkopf. Außerhalb der Brutzeit, also im Schlichtkleid, können auch die **Uferschnepfe** *(Limosa limosa)* und die nordische **Pfuhlschnepfe** *(Limosa lapponica)* leicht verwechselt werden. Beide Arten ziehen auf Hiddensee durch bzw. rasten hier. Die Uferschnepfe ist auch im Schlichtkleid an der schwarzen Schwanzendbinde kenntlich. Die Pfuhlschnepfe ist etwas kleiner als die Uferschnepfe. Der **Dunkle Wasserläufer** *(Tringa erythropus)*,dessen Brutgebiete in Nordeuropa liegen, ist im Brutkleid kräftig schwarz gefärbt; das Ruhekleid ist viel heller. Dann kann er mit dem **Rotschenkel** *(Tringa totanus)* verwechselt werden, der noch Brutvogel auf Hiddensee ist.

links Bekassine; rechts: Regenbrachvogel

Regelmäßig und nicht selten sind **Grünschenkel** *(Tringa nebularia)* auf den Sandbänken vor Hiddensee zu den Zugzeiten zu sehen. Das Gefieder dieses relativ großen, grünbeinigen Schnepfenvogels wirkt hell, nur die Oberseite ist etwas dunkler. Der Schnabel ist in der vorderen Hälfte etwas aufwärts gebogen. Auch der **Waldwasserläufer** *(Tringa ochropus)* zieht auf Hiddensee regelmäßig, allerdings in geringer Anzahl durch. Er ist im Ruhekleid leicht mit dem **Bruchwasserläufer** *(Tringa glareola)* zu verwechseln. Zur Bestimmung der Wasserläufer im Ruhekleid hilft nur ein gutes Fernglas, ein Bestimmungsbuch und auch das Beachten der Stimmen weiter.

Leicht zu bestimmen ist aber der **Flußuferläufer** *(Tringa hypoleucos),* der sich besonders gern an der steinig-sandigen Küste des Dornbusch zwischen Kloster und Bessin aufhält. Meist sind nur einige wenige Vögel der Art vergesellschaftet. Der Flußuferläufer ist kurzbeinig, kurzschnäblig und besitzt ein olivbraunes Gefieder,das sich markant gegen das helle Bauchgefieder abhebt.. Beständigt wippt er mit dem Hinterkörper. Ein sehr seltener Gast ist der **Terekwasserläufer** *(Tringa terek),* der nur zweimal auf Hiddensee nachgewiesen wurde. Regelmäßig und zur Zugzeit im Spätsommer und Herbst recht häufig rastet dagegen der **Knutt** *(Calidris canutus)* besonders auf den Sandbänken des Bessin und am Gellen. Ich sah kleine Trupps auch schon am Weststrand. Der etwas gedrungen wirkende Knutt ist im Brutkleid oberseits rostrot gefleckt, im Schlichtkleid dagegen fallen die weißen Federränder des aschgrauen Gefieders auf.

Die kleinsten Strandläuferarten sind **Zwergstrandläufer** *(Calidris minutus)* und **Temminckstrandläufer** *(Calidris temminckii).*Beide im Norden brütende Arten ziehen auf Hiddensee durch, wobei aber der Zwergstrandläufer besonders im Herbst weit häufiger auftritt.Die beiden etwa 14 cm großen Arten sind sich sehr ähnlich, doch wirkt der Temminckstrandläufer schlanker , hat kürzere Beine und das Gefieder ist im Ruhekleid heller, im Brutkleid insgesamt grauer und oberseits weniger gemustert als das des Zwergstrandläufers.

Grünschenkel

Seite 47:
oben links:
Rotschenkel
oben rechts:
Temminckstrandläufer
unten links:
Pfuhlschnepfe
u.rechts: Steinwälzer

Einzelne **Meerstrandläufer** *(Calidris maritima)* sind mit etwas Glück zwischen September und April am Geröllstrand nördlich von Kloster zu sehen. Der kleine, gedrungen wirkende Strandläufer hat im Ruhekleid ein überwiegend braungraues, im Brutkleid ein oberseits dunkelbraun, rostrot und weiß gezeichnetes Gefieder.

Etwas kleiner als der Meerstrandläufer und als Durchzügler viel häufiger vorkommend ist der **Alpenstrandläufer** *(Calidris alpina)*. Noch 1912 wurden von Lindner (1913) für Hiddensee 60 Gelegefunde gemeldet. Heute ist die Art nicht mehr Brutvogel. Auf den Sandflächen,die dem Gellen und dem Bessin vorgelagert sind, können vor allem im Sept./Oktober oder auch im März/ April große Rastgemeinschaften von bis zu mehreren Tausend Tieren erscheinen. Oftmals mit den Alpenstrandläufern vergesellschaftet, im Ruhekleid ihnen sehr ähnlich, aber viel seltener als dieser, zieht der **Sichelstrandläufer** *(Calidris ferruginea)* auf Hiddensee durch. Der Sichelstrandläufer ist etwas hochbeiniger als der Alpenstrandläufer und hat einen etwas längeren, abwärts gebogenen Schnabel. Im Ruhekleid ist das Bauchgefieder heller. Im Brutkleid ist die Art leicht durch das rostbraune Gefieder vom Alpenstrandläufer, den dann ein schwarzer Bauchfleck ziert, zu unterscheiden.

Vom **Sumpfläufer** *(Limicola falcinellus)* sind nur etwa 80 Beobachtungen durchziehender Vögel von Hiddensee und Rügen bekannt. Besonders auf dem Bessin wurden auch schon kleine Trupps der Art, meist zwischen Juli und September festgestellt.

Während im Brutkleid die männlichen **Kampfläufer** *(Philomachus pugnax)* eindeutig an ihren farbenfrohen Halskrausen zu erkennen sind, tragen sie wie die Weibchen das ganze Jahr über im Ruhekleid ein schlichtes, graubraunes Federkleid. Die letzten Kampfläufer brüteten wahrscheinlich Ende der vierziger Jahre auf der Fährinsel. Regelmäßig zieht die Art durch und ist dann vor allem an der Boddenküste im April/ Mai und zwischen Juni und Oktober zu beobachten. Einer der schönsten Brutvögel der Insel Hiddensee ist der **Säbelschnäbler** *(Recurvirostra avosetta)*. Nachdem die Art etwa 20 Jahre lang nicht mehr auf Hiddensee gebrütet hatte, werden seit 1960 in den Vogelschutzgebieten wieder in wechselnder Zahl bis zu 41 Brutpaare registriert. Am Gellen können besonders im Juli bis September größere Ansammlungen auftreten. Nur 2 Beobachtungen, zuletzt von 1976, liegen vom **Stelzenläufer** *(Himantopus himanttopus)* vor, als sich je ein Exemplar am Bessin aufhielt.

Seite 49:   *Uferschnepfe* | *Flußuferläufer*
Kampfläufer | *Großer Brachvogel*

Während der **Thorswassertreter** *(Phalaropus fulicarius)* bisher nur einmal auf Hiddensee nachgewiesen wurde, zieht der **Odinswasser-treter** *(Phalaropus lobatus)* regelmäßiger, vor allem im August und September durch. Die Wassertreter sind zart wirkende, kleine Watvögel mit feinem langen Schnabel. Durch kreiselnde, trampelnde Bewegungen im Wasser scheuchen sie Nahrung auf, was ihnen ihren Namen gab.

Raubmöwen

Die **Skua** oder **Große Raubmöwe** *(Stercorarius skua)* wurde bisher nur selten (bis auf eine Ausnahme im Spätsommer) auf Hiddensee festgestellt. Auch die 3 kleinen Raubmöwenarten sind nicht gerade häufig auf Hiddensee zu sehen. Die meisten Beobachtungen liegen von der **Schmarotzerraubmöwe** *(Stercorarius parasiticus)* vor, die vor allem am Bessin fast alljährlich meist zwischen Juli und Oktober erscheint. An den Händen abzählen lassen sich dagegen die Beobachtungen der **Spatelraubmöwe** *(Stercorarius pomarinus)* und die wenigsten Nachweise gibt es von der **Falkenraubmöwe** *(Stercorarius longicaudus)*. Während die große Skua feldornithologisch kaum verwechselt werden kann, sind die kleinen Raubmöwenarten schwerer zu bestimmen. Die möwenähnlichen Vögel sind oberseits immer dunkel und ihre Schnäbel an der Spitze hakenartig gekrümmt. Die Falkenraubmöwe trägt lange, spitz endende mittlere Schwanzfedern. Die Raubmöwen verfolgen andere Seevögel, um ihnen die Beute abzujagen.

Foto links:
Schmarotzerraubmöwe

Das Odinshühnchen, eine Wassertreterart, sammelt Nahrungspartikel von der Wasseroberfläche.

Möwen

Die größte Möwenart Hiddensees ist die **Mantelmöwe** *(Larus marinus)*, deren Bestand größer geworden ist und auf kleinen Inseln um Rügen auch schon brütete. Kleine Ansammlungen der Art sind ganzjährig auf Hiddensee anzutreffen. Besonders gern rasten sie auf Molen, den Steinen der Schutzmauer und auf den Findlingen vor der Dornbusch-Steilküste, doch auch auf den Sandbänken des Bessin. Besonders vor der Nordküste der Insel findet sich auch die etwas kleinere **Heringsmöwe** *(Larus fuscus)*, von der zwei Unterarten auftreten, die hellmantelige (britische) und die schwarzmantelige (skandinavische). Auch die Heringsmöwe hat in den letzten Jahren vereinzelt bei Rügen gebrütet. Die **Silbermöwe** *(Larus argentatus)* ist Brutvogel auf Hiddensee und ist ganzjährig auf der Insel zu beobachten. Gelbfüßige Großmöwen vom Aussehen der Silbermöwen sind **Weißkopfmöwen** *(Larus cachinnans)*, die sich in geringer Zahl in den Großmöwen-trupps befinden.

Die Großmöwenarten sind etwa krähengroß. Kennzeichnend ist der rote Fleck am Unterschnabel. Während die Silbermöwe hellgraue Flügeldecken hat, sind sie bei der Heringsmöwe dunkelgrau bis schwarz und bei der Mantelmöwe tiefschwarz. Die Jungvögel sind bräunlich gefleckt.

Große Seltenheiten mit nur einigen wenigen Nachweisen sind **Polarmöwe** *(Larus glaucoides)* und **Eismöwe** *(Larus hyperboreus)*.

junge Großmöwen, wie hier diese Silbermöwe, sind in den ersten Jahren braun gefleckt

von der Heringsmöwe treten zwei Unterarten auf, die sich durch die Färbung der Flügeldecken unterscheiden

Seite 52: Lachmöwe | Sturmmöwe
Schwarzkopfmöwe | Silbermöwe

Die **Sturmmöwe** *(Larus canus)* ist regelmäßiger Brutvogel auf Hiddensee. Seit langem ist die Fährinsel besiedelt, wo in den besten Zeiten fast 400 Paare heimisch waren. Seit einigen Jahren brüten Sturmmöwen auch auf dem Bessin und in der Dünenheide, wo es zu Baum-und Gebäudebruten kam. Die Art ist das ganze Jahr über auf der Insel. Das trifft nicht auf die viel seltenere **Schwarzkopf-möwe** *(Larus melanocephalus)* zu, die im Herbst das Gebiet verläßt. Die Schwarzkopfmöwe ist ein Einwanderer aus Südosteuropa. Erstmals wurde auf der Fährinsel 1954 ein Paar beobachtet (Kühlmann 1957) und es kam seitdem immer wieder zu Brutversuchen. Durchzugsbeobachtungen sind auf Hiddensee selten.

Regelmäßig und häufig ist die **Lachmöwe** *(Larus ridibundus)* zu sehen. Sporadisch bildeten sich immer wieder Lachmöwenkolonien an geeigneten Orten, so am Dunt (in der Dünenheide) oder an den Weihern zwischen Kloster und Grieben. Auf der Fährinsel siedelte die Lachmöwe nicht in jedem Jahr und hin und wieder gab es auch Bruten auf dem Gänsewerder und am Achterwischensee. Im Frühjahr und Herbst vergrößert sich die Anzahl der Lachmöwen, aber nur ein kleiner Teil davon bleibt den ganzen Winter auf der Insel.

Die kleinere, der Lachmöwe ähnliche **Zwergmöwe** *(Larus minutus)*, gelangt in den letzteren Jahren häufiger auf Hiddensee zur Beobachtung, brütet aber nicht hier. Besonders am Bessin wurden schon größere Rastgemeinschaften festgestellt, so im Oktober 1978 350 Exemplare (Müller 1980).

Beobachtungen von **Dreizehen-möwe** *(Rissa tridactyla)* sind dagegen selten, doch tritt die Art auf Hiddensee häufiger auf als z.B. auf Rügen oder Usedom. Die größte Chance auf Hiddensee Dreizehenmöwen zu sehen hat man zwischen September und Dezember an der Westküste , vor allem an der Hucke.

Kennzeichen: Schnabel gelb, Beine schwarz, schwarze Flügelspitzen; Stimme: "kiti-week".

Zwergmöwe

54

Seeschwalben

Die **Trauerseeschwalbe** *(Chlidonias niger)* brütet auf Hiddensee nicht, doch sind ziehende Trupps an der Boddenküste und am Gellen vor allem im Juli und August zu erwarten. Von der vorwiegend in Südeuropa lebende **Weißflügelseeschwalbe** *(Chlidonias leucopterus)* sind bisher drei Beobachtungsdaten bekannt geworden. Die **Lachseeschwalbe** *(Gelochelidon nilotica)* versuchte zuletzt 1880 auf der kleinen Insel Gänsewerder am Gellen zu brüten und nur 1971 gelangten 1-4 Exemplare auf der Fährinsel zur Beobachtung (Lindner 1974). Die beeindruckende **Raubseeschwalbe** *(Hydroprogne caspia)* brütete vereinzelt und sehr sporadisch vor einem halben Jahrhundert auf Hiddensee. Eine kleine Seevogelinsel bei Rügen ist einer der wenigen regelmäßig besetzten Brutplätze Mitteleuropas. Während der Zugzeiten kann es auch zu größeren Ansammlungen auf den Rastplätzen kommen, so z.B. am 3.8.1989 am Bessin als Hallfarth u.Günther 100 Exemplare der Art sahen (Müller 1991). Die **Flußseeschwalbe** *(Sterna hirundo)* brütet auch heute noch auf Hiddensee (Bessin). Erst Ende April erreicht diese Seeschwalbe ihre Brutreviere und verläßt sie bereits im Juli wieder. Bis spätestens in den Oktober hinein ist die Flußseeschwalbe dann noch auf Hiddensee zu sehen. Auch die der Flußseeschwalbe sehr ähnliche **Küstenseeschwalbe** *(Sterna paradisea)* war früher Brutvogel auf Hiddensee, zuletzt 1931-1938 mit zwei Brutpaaren auf dem Gellen (Schulz 1947). Über eventuelle Rast oder Durchzug der Art auf Hiddensee ist wenig bekannt. Dagegen hat sich die zierliche **Zwergseeschwalbe** *(Sterna albifrons)* bis heute als Brutvogel gehalten. Die vegetationslosen Schwemmsandflächen des Bessin nutzten alljährlich bis zu 50 Paare als Brutplatz, so daß Hiddensee zu den bedeutendsten deutschen Nistorten der Art gehört. Zum Wegzug im August bis Anfang September können sich größere Rastgemeinschaften bilden, doch schon im Oktober ist die Beobachtung einzelner Zwergseeschwalben eine Seltenheit. Die **Brandseeschwalbe** *(Sterna sandvicensis)* hat sporadisch auf Hiddensee (z.B.Fährinsel) gebrütet und kann vor allem im April / Mai und zwischen August und September an der West-und Norküste ziehend beobachtet werden.

Die Alken

Auf Hiddensee brüten keine Alkenarten, doch sind die Beobachtungen einzelner Vögel der verschiedenen Arten, leider auch die Funde verölter Vögel keine Seltenheiten. Die meisten **Tordalk** *(Alca torda)*-Beobachtungen werden im August und November gemacht, während die **Trottellumme** *(Uria aalge)* vor allem im April und Juli erscheint. Diese Arten, wie auch die **Gryllteiste** *(Cepphus grylle)* sind besonders im Bereich Hucke / Enddorn bis zum Bessin zu erwarten. Die meisten Funde der Gryllteiste werden zwischen Februar und April gemacht. Der **Krabbentaucher** *(Plautus alle)* ist ein sehr seltener Gast mit nur zwei bekanntgewordenen Beobachtungen von Hiddensee.Der **Papageitaucher** *(Fratercula arctica)* ist bisher nur von der Insel Rügen gemeldet worden.

links oben: Trottellumme
links unten: Papageitaucher
rechts oben: Tordalk
die Alkenvögel sind seltene
Gäste auf Rügen und Hiddensee

ganzseitiges Foto Seite 56: *Küstenseeschwalbe*

Tauben

Die **Ringeltaube** *(Columba palumbus)* ist auf der Insel nicht selten. Besonders in Kloster brütet die Art gern auf Kiefern. Rastgemeinschaften finden sich besonders im Winterhalbjahr zusammen. Die Ausbreitungszüge der **Türkentaube** *(Streptopelia decaocto)* erreichten 1949 Hiddensee.

Kuckuck

Als Wirtsvögel für den **Kuckuck** *(Cuculus canorus)* wurden auf Hiddensee z.B. Gartengrasmücke und Brachpieper (Kaiser 1961) festgestellt. Ankunft aus dem Winterquartier erfolgt meist in den ersten Maitagen. Durchzug aus Skandinavien macht sich im August und September bemerkbar.

Eulen

Von der **Schleiereule** *(Tyto alba)* sind nur Bruten von 1934 und 1935 bekannt (Schildmacher 1961). Auch Beobachtungen sind äußerst selten. **Schnee-Eulen** *(Nyctea scandiaca)* sind bisher fünfmal von Hiddensee gemeldet worden. Die ebenso nordische **Sperbereule** *(Surnia ulula)* wurde 1903 in einem Exemplar erlegt (Hübner 1908). Der letzte Brutverdacht für den **Steinkauz** *(Athene noctua)* bestand 1959 am Riedsaal und in Grieben (Schildmacher 1961). Erstaunlicherweise gibt es vom **Waldkauz** *(Strix aluco)* noch keinen Brutnachweis, doch wird der Kauz hin und wieder auf Hiddensee beobachtet. Dagegen ist die **Waldohreule** *(Asio otus)* regelmäßig brütend, manchmal im Wacholder der Fährinsel. Auch kleine Winteransammlungen kann es geben. Nur ausnahmsweise dürfte die **Sumpfohreule** *(Asio flammeus)* auf Hiddensee gebrütet haben.In den letzten Jahren gibt es für Bruten keine Hinweise, während im Winterhalbjahr die Art schon eher gesehen werden kann, z.B. in der Dünenheide.

Nachtschwalbe

Lediglich für 1960 werden für den Dornbuschwald von Schildmacher (1961) zwei Brutpaare gemeldet.

Segler

Möglicherweise hat Anfang des 20.Jahrhunderts der **Mauersegler** *(Apus apus)* an der Steilküste Hiddensees gebrütet (Schildmacher 1961). Im August bis Ende September kann es zu Ansammlungen ziehender Mauersegler kommen. Bisher zweimal wurde der **Alpensegler** *(Apus melba)* auf Hiddensee gesehen.

Eisvogel

Meist einzelne **Eisvögel** *(Alcedo atthis)* werden besonders von August bis April beobachtet. Bruten sind nicht bekannt.

Rackenvögel

Vom südeuropäischen **Bienenfresser** *(Merops apiaster)* haben sich bisher 1831, 1984 und 1987 je 1 Ex. nach Hiddensee verirrt. Die **Blauracke** *(Coracias garrulus)* ist nur einmal 1949 (Küchler 1958) gesehen worden. Einige Male, vor allem von März bis Mai, konnte der **Wiedehopf** *(Upupa epops)* nachgewiesen werden.

Eisvogel

Spechte

Der **Grünspecht** *(Picus viridis)* ist auf Hiddensee vereinzelter Durchzügler und auch umherstreifende **Schwarzspechte** *(Dryocopus martius)* erreichen die Insel meist von Rügen her. Der Buntspecht *(Dendrocopus major)* ist dagegen seit etwa 1980 Brutvogel. Bruten des **Kleinspechts** *(Dendrocopus minor)* sind nicht bekannt. Der **Wendehals** *(Jynx torquila)* soll um das Jahr 1980 auf Hiddensee gebrütet haben (Klafs,Stübs 1987).

Lerchen

Die **Ohrenlerche** *(Eremophila alpestris)* ist auf der Insel Hiddensee ein regelmäßiger Durchzügler und Wintergast. Ab Ende September ist mit einem Auftreten der Art zu rechnen. Meist sind kleine Trupps zu beobachten. Schon Ende März und April sind Beobachtungen nur noch selten. Eine singende **Heidelerche** *(Lullula arborea)* hörte ich Ende Mai 1995 nördlich von Neuendorf, ansonsten ist über Brutvorkommen auf der Insel nichts bekannt. Durchzug findet ab Ende September statt. Auch die **Haubenlerche** *(Galerida cristata)* ist auf Hiddensee möglicherweise nur Gastvogel. Die **Feldlerche** *(Alauda arvensis)* ist ein häufiger Brutvogel der Insel. Sie besiedelt sowohl die spärlich bewachsenen Stranddünen des Gellen, die Calluna-Bestände der Dünenheide und meliorierte Wiesenflächen als auch die Vogelschutzinseln. Größere Zug- und Rastgemeinschaften werden besonders im Oktober gebildet.

Schwalben

An der Steilküste Hiddensees zwischen Hucke und Enddorn siedeln in beträchtlicher Anzahl **Uferschwalben** *(Riparia riparia)*. 1994 dürften in diesem Abschnitt 1800 bis 2000 Brutpaare genistet haben (Dittberner 1995). Diese unscheinbar bräunlich gefärbte Schwalbenart hat an den Steilküsten der Ostsee Rückzugsgebiete gefunden, während im Binnenland teilweise beträchtliche Bestandsrückgänge zu verzeichnen sind. 60 bis 80 cm lang sind die Niströhren, die von den Schwalben in den Steilhang gegraben werden. **Rauchschwalben** *(Hirundo rustica)* brüten auf Hiddensee nicht selten auch außen an Gebäuden. Auch die Gebäude auf der Fährinsel wurden genutzt. Schöne Erinnerungen habe ich aus dem Jahre 1967, als ich ständig ein Fenster meines Zimmers an der damaligen Parasitologischen Station in der Dünenheide zwischen Vitte und der Heiderose offenlassen mußte, da sich ein Rauchschwalbenpaar in einer Ecke des Zimmers angesiedelt hatte. Die Gardinenstange wurde als Singwarte ab Sonnenaufgang genutzt, so daß ich auf einen Wekker verzichten konnte. Auch die **Mehlschwalbe** *(Delichon urbica)* ist Brutvogel. Zu größeren Ansammlungen der Schwalbenarten kommt es im Spätsommer in den Ortschaften oder z.B. am Bessin.

Stelzen und Pieper

Nur wenige Paare der **Schafstelze** *(Motacilla flava)* brüten auf Hiddensee. Im August und September kommt es zu größeren Rastansammlungen. Auch die Unterart *M.f.thunbergi*, die **Nordische Schafstelze** zieht auf der Insel durch (Schildmacher 1961).Die Nordische Schafstelze ist leicht an dem schieferschwarzen Oberkopf zu erkennen Die **Gebirgsstelze** *(Motacilla cinerea)*, deren nächste Brutplätze sich an den Bächen des Nationalpark Jasmund befinden, ist zu den Durchzugszeiten hin und wieder an der Steilküste zwischen Kloster und dem Enddorn anzutreffen. Ein häufiger Brutvogel ist dagegen die **Bachstelze** *(Motacilla alba)*.Sie nistet sowohl in den Ortschaften als auch an der Steilküste. Bemerkenswert sind Nestfunde im Wacholder der Fährinsel. Nur einige wenige Beobachtungen liegen vom **Spornpieper** *(Anthus novaeseelandiae)* vor, während der **Brachpieper** *(Anthus campestris)* schon seilt langer Zeit als Brutvogel auf der Insel Hiddensee bekannt ist. Brutorte waren die Dünenheide und der Gellen. Ob die Art heute noch regelmäßig nistet ist nicht bekannt. Erst Anfang des 20. Jahrhunderts etablierte sich der **Baumpieper** *(Anthus trivialis)* als Brutvogel auf Hiddensee. Ende August und im September können Trupps ziehender Baumpieper vor allem in der Heide zwischen Vitte und Neuendorf bemerkt werden. Ebenfalls ein regelmäßiger Brutvogel ist der **Wiesenpieper** *(Anthus pratensis)*. Er nistet vor allem auf dem Grünland in der Nähe der Boddengewässer, so z.B. zwischen Vitte und Kloster, am Dunt, am Bessin oder südlich von Neuendorf, aber auch an trockeneren Stellen in den Dünen des Gellen. Im September und Oktober kann es zu beachtlichen Zugansammlungen kommen. In geringer Anzahl berührt der nordische **Rotkehlpieper** *(Anthus cervinus)* auf seinen Zugwegen auch die Insel Hiddensee. Am ehsten ist die Art Anfang Mai oder auch im September zu erwarten. Vom **Wasserpieper** *(Anthus spinoletta)* kommen die Unterarten *Anthus spin. littoralis - Felsenpieper* aus Skandinavien und *A.sp.spinoletta* aus den mitteleuropäischen Gebirgen nach Hiddensee. Besonders im September und Oktober erscheinen kleinere Trupps der ersteren, während letztere Unterart, der "Bergpieper", seltener zu sehen ist und sich im Winterhalbjahr vor allem auf Rügen aufhält.

Seite 62: *Feldlerche* | *Rauchschwalbe*
Uferschwalben | *Mehlschwalben*

Seidenschwanz

Als Invasionsvogel erscheint der **Seidenschwanz** *(Bombycilla garrulus)* nicht in jedem Jahr auf Hiddensee. Meist fliegen die Schwärme erst im November ein und bleiben dann mehr oder weniger lange auf der Insel. Beobachtungen noch im April oder gar Mai sind selten.

Zaunkönig

Wasseramsel

In Skandinavien brütende **Wasseramseln** *(Cinclus cinclus)* ziehen regelmäßig an unserer Küste durch und können dann mit etwas Glück an steinigen Abschnitten wie an der Hucke beobachtet werden. Manchmal überwintern auch einzelne Vögel im Bereich Rügen - Hiddensee.

Zaunkönig

Der **Zaunkönig** *(Troglodytes troglodytes)* brütet auf Hiddensee z.B.an den Hängen des Dornbuschwaldes, an der Heiderose oder bei Grieben. Durchziehende Zaunkönige halten sich auch gern am Steinwall an der Küste bei Kloster auf.

Heckenbraunelle

Besonders die Sanddornbestände am Enddorn und Bessin bevorzugt die **Heckenbraunelle** *(Prunella modularis)* zur Anlage ihrer Nester, die dann sehr nahe am Boden gebaut werden können. Auch in der Dünenheide fand ich schon ein Nest. Besonders im September und Oktober kann es zu beachtlichen Zugansammlungen kommen.

Würger

In den Heidegebieten, auf dem Bessin oder auch auf dem Hochland brütet vor allem in Dorngebüschen der **Neuntöter** *(Lanius collurio)*. Er erscheint Anfang Mai aus dem Winterquartier und der Wegzug beginnt bereits ab Mitte oder Ende August. Trotzdem können durchziehende Vögel vereinzelt noch im Oktober auf Hiddensee angetroffen werden. Der **Rotkopfwürger** *(Lanius senator)* wurde nur ein einziges Mal, nämlich 1915 auf Hiddensee nachgewiesen (Schildmacher 1961). Nur Durchzügler und Wintergast ist der **Raubwürger** *(Lanius excubitor)*, der sich von Mitte September bis Ende April vereinzelt auf Rügen und Hiddensee aufhält.

Schwirle

Der **Rohrschwirl** *(Locustella luscinioides)* wanderte erst Anfang der siebziger Jahre nach Rügen und Hiddensee ein. Die Brutbestände sind gering. Ich hörte ein singendes Männchen im Juni 1995 zwischen Altem und Neuem Bessin.. Der **Schlagschwirl** *(Locustella fluviatilis)* ist schon länger von Hiddensee bekannt, so berichtet Schildmacher, 1961, von einem am 15.5.1958 singendem Männchen. Auch vom **Feldschwirl** *(Locustella naevia)* sind seit den siebziger Jahren Brutzeitfeststellungen von Hiddensee bekannt. Der Wegzug ist von Ende August bis in den Oktober hinein feststellbar.

Feldschwirl

Rohrschwirl

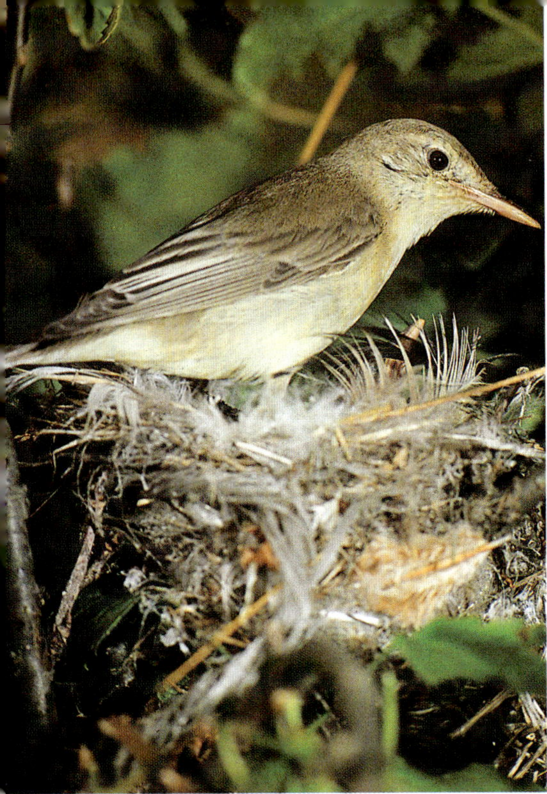
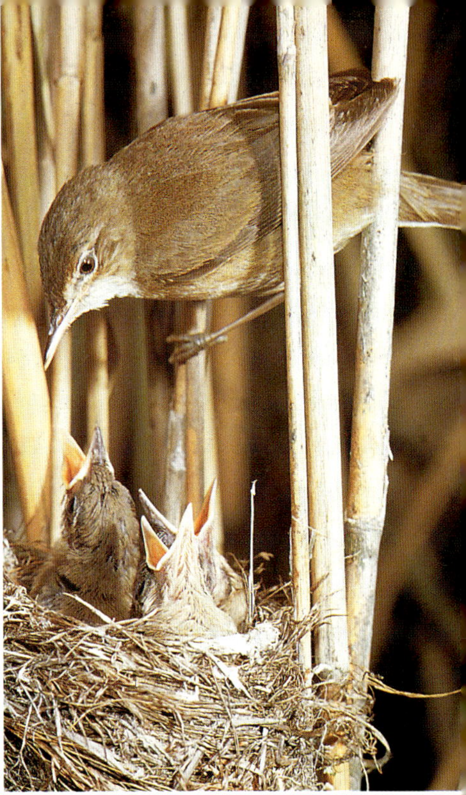
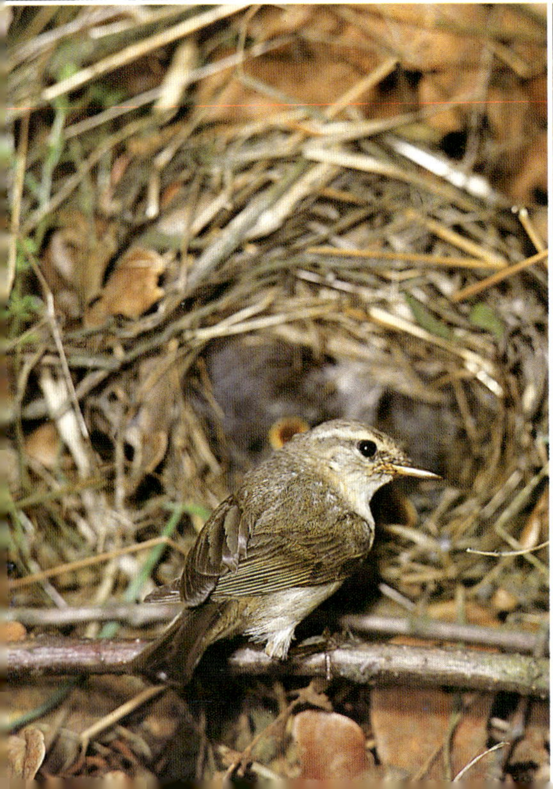
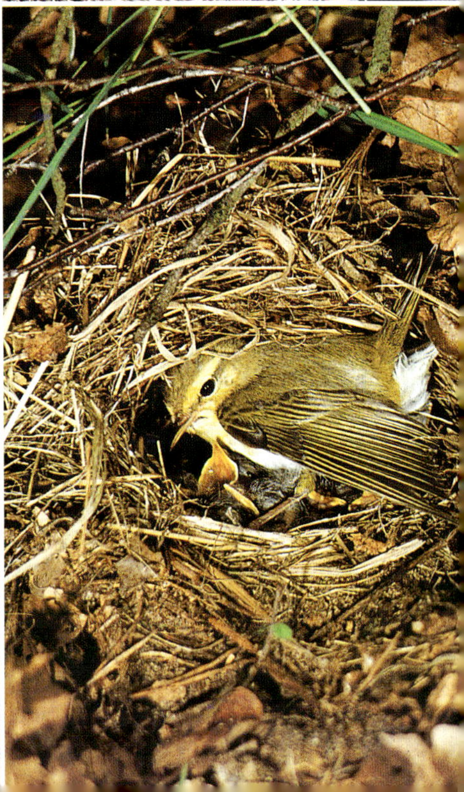

Rohrsänger

Noch 1961 schätzte Schildmacher den Bestand des **Schilfrohrsängers** *(Acrocephalus schoenobaenus)* für den Bessin als "massenhaft" ein. Danach setzte wie überall ein starker Bestandsrückgang ein, so daß die Art in den achtziger Jahren wahrscheinlich nicht mehr auf Hiddensee brütete. Im Juni 1995 sah ich am Bessin ein singendes Männchen. Vom **Seggenrohrsänger** *(Acrocephalus paludicola)* liegt nur eine Beobachtung vom 4.u.5.6.1990 von der Fährinsel vor (Müller 1992/93). Brutvorkommen des **Sumpfrohrsängers** *(Acrocephalus palustris)* bestehen z.B. am Schwarzen Peter südlich von Neuendorf und bei Grieben, wobei es sich bei singenden Männchen Anfang bis Mitte Mai auch noch um durchziehende Vögel handeln kann. Der **Teichrohrsänger** *(Acrocephalus scirpaceus)* ist auf Hiddensee ein regelmäßiger Brutvogel der Phragmitesbestände am Bessin und entlang der Boddenküste. Seit Brutnachweisen bis 1943 südlich von Neuendorf liegen nur einige wenige Brutzeitbeobachtungen des **Drosselrohrsängers** *(Acrocephalus arundinaceus)* vor.

Gelbspötter

Der **Gelbspötter** *(Hippolais icterina)* ist ein regelmäßiger Brutvogel auf Hiddensee. Er besiedelt gern die Rosen-/Sanddornbestände am Enddorn und auf dem Bessin und sein Bestand hat offenbar in den vergangenen Jahrzehnten auf der Insel zugenommen.

Grasmücken

Die **Gartengrasmücke** *(Sylvia borin)* ist seit langem als Brutvogel von Hiddensee bekannt. Sie besiedelt vor allem den mittleren und nördlichen Teil der Insel. Noch bis Ende Oktober kann Zug festgestellt werden. Die **Mönchsgrasmücke** *(Sylvia atricapilla)* ist besonders im Dornbuschwald Brutvogel, doch sieht man sie z.B. auch in der Dünenheide zwischen Vitte und Neuendorf. Von August bis Anfang Oktober kann es zu starken Zugerscheinungen kommen . Wahrscheinlich versuchen einige Mönchsgrasmücken auch hin und wieder auf der Insel zu überwintern.

Seite 67:   *Sperbergrasmücke* | *Dorngrasmücke*
            Mönchsgrasmücke | *Gartengrasmücke*

In den Gebüschen der Steilküste, des Bessins oder auch der Boddenküste und der Ortschaften brütet die **Klappergrasmücke** *(Sylvia curruca)*. Auch diese Art siedelt gern in den Sanddornbeständen. Das trifft auch für die **Dorngrasmücke** *(Sylvia communis)* zu, die Brutplätze an den verschiedensten Orten der Insel hat. Zur Wegzugzeit im August und September können an nahrungsgünstigen Plätzen auch kleine Trupps beobachtet werden. Das Brutvorkommen der **Sperbergrasmücke** *(Sylvia nisoria)* auf Hiddensee ist sehr wechselnd und es kann sein, daß die Art in manchen Jahren gar nicht auf der Insel brütete. Vereinzelt nistet diese schöne Grasmückenart auch im Sanddorn an Enddorn und Bessin. Meist erscheinen die Spergrasmücken erst Mitte Mai am Brutort und der Wegzug erfolgt bereits ab Ende Juli.

Laubsänger

Fitislaubsänger *(Phylloscopus trochilus)* kann man an den meisten Stellen der Insel wo Büsche und/oder Bäume vorhanden sind, singen hören. Besonders im Dornbuschwald, in der Heide nördlich von Neuendorf und in den Sanddornbeständen hat der Fitis höhere Brutdichten. Im April und noch im Mai und wieder von August bis Oktober ist an manchen Tagen starker Durchzug von nördlichen und östlichen Fitislaubsängern zu verzeichnen. Noch Mitte des 20.Jahrhunderts fehlte der **Weidenlaubsänger** oder Zilpzalp *(Phylloscopus collybita)* auf Hiddensee als Brutvogel. Doch um das Jahr 1980 gab es auch hier Brutnachweise (Klafs u.Stübs 1987). Durchzug tritt verstärkt von Mitte April bis Mitte Mai und September bis Mitte Oktober auf. Vom **Berglaubsänger** *(Phylloscopus bonelli)*, der im südlichen Mitteleuropa brütet, wurde als einziger Nachweis ein singendes Männchen am 30.4.1987 bei Vitte entdeckt (Müller 1989). Der **Waldlaubsänger** *(Phylloscopus sibilatrix)* ist mit einigen Brutpaaren im Dornbuschwald vertreten. Es ist nicht ausgeschlossen, daß auch der **Grünlaubsänger** *(Phyllsoscopus trochiloides)* im Dornbuschwald bzw. an den Hängen des Dornbuschhochlandes vereinzelt gebrütet hat. Beobachtungen von singenden Männchen liegen vor. Jeweils einen Nachweis gibt es von folgenden nichtheimischen Laubsängerarten: **Wanderlaubsänger** *(Phyll. borealis)*, **Gelbbrauenlaubsänger** *(Phyll. inornatus)* und **Goldhähnchenlaubsänger** *(Phyll.proregulus)*.

Goldhähnchen

Starke (in Klafs/ Stübs 1987) stuft das **Wintergoldhähnchen** *(Regulus regulus)* als Brutvogel für Hiddensee (Dornbuschwald) ein, nachdem es vorher lange Zeit nur als Durchzügler oder Sommergast für die Insel bekannt war. Zu beachtlichen Ansammlungen kann es zum Wegzug im September und Oktober kommen. Kleine Trupps sind in manchen Jahren auch noch im Dezember zu sehen. Das **Sommergoldhähnchen** *(Regulus ignicapillus)* zieht dagegen in weit geringerer Anzahl auf Hiddensee durch. Von Dittberner (1995) wird ein Brüten der Art auf der benachbarten Insel Rügen angenommen. Brutnachweise gab es aber bisher nicht.

Fliegenschnäpper

Der **Grauschnäpper** *(Muscicapa striata)* brütet auf Hiddensee nur spärlich und wurde hier erst seit 1934/35 als Brutvogel nachgewiesen (Schildmacher 1961). Hauptdurchzugszeit des Wegzugs ist im August und September. Der **Trauerschnäpper** *(Ficedula hypoleucos)* fehlt als Brutvogel und zieht in geringer Zahl durch. Möglicherweise von den Brutplätzen in Schweden stammen die **Halsbandschnäpper** *(Ficedula albicollis),* die im Mai hin und wieder auf der Insel beobachtet werden. Einzelne Bruten hat es wahrscheinlich vom **Zwergschnäpper** *(Ficedula parva)* auf Hiddensee gegeben. Mehrfach gab es Nachweise der Art zur Brutzeit. Durchziehende Vögel wurden hin und wieder auf Hiddensee gefangen.

Schmätzer

Mehrmals vom Frühjahrszug und nur einmal aus dem Herbst gibt es Nachweise vom **Schwarzkehlchen** (Saxicola torquata), das in Mecklenburg-Vorpommern nur noch vereinzelt brütet. Das **Braunkehlchen** *(Saxivola rubetra)* ist dagegen noch ein verbreiteter Brutvogel auch auf Hiddensee.

Blaumerle

Am 4.8.1966 wurde von Wagner (1972) eine **Blaumerle** *(Monticola solitarius)* auf dem Hiddenseer Dornbusch gesehen.

Seite 70: Braunkehlchen im Rüttelflug; darunter: Weiher in der Nähe
von Grieben 71

Rotschwänze

Ob der **Gartenrotschwanz** *(Phoenicurus phoenicurus)* in jedem Jahr auf Hiddensee gebrütet hat ist nicht bekannt. Ich sah die Art im Juni 1995 futtertragend in der Nähe von Grieben. Lindner (1916) überlieferte das Brüten "einiger Paare" des **Hausrotschwanzes** *(Phoenicurus ochruros)* in Uferschwalben-Höhlen der Dornbusch-Steilküste. Auch gegenwärtig kommt der Hausrotschwanz an der Steilküste vor, doch auch als Gebäudebrüter ist er von der Insel bekannt. Bemerkenswert sind einige Januarfeststellungen, die vielleicht Überwinterung bedeuten könnten.

Sprosser

Der **Sprosser** *(Luscinia luscinia)* siedelte sich erst 1911 mit einem Brutpaar an. Berger (1962) ermittelte für 1962 bereits 52 Brutpaare und 1974/75 waren es 85 Paare (Klafs/Stübs 1977). In den dichten Sanddornbeständen erreicht die Art eine hohe Brutdichte. Hier wurden eine ganze Reihe wissenschaftlicher Untersuchungen am Sprosser durch Mitarbeiter der Vogelwarte getätigt. Die Ankunft der Sprosser an den Brutplätzen erfolgt in der ersten Maihälfte.

Blaukehlchen

Die meisten der auf Hiddensee durchziehenden **Blaukehlchen** *(Luscinia svecica)* sind aus Skandinavien stammende Rotsternige Blaukehlchen *(L.sv.svecica)*, nur sehr selten wird das Weißsternige Blaukehlchen *(L.sv.cyanecula)* gesehen, das in geringer Zahl in Mecklenburg-Vorpommern, aber nicht auf Hiddensee, brütet.

Rotsterniges Blaukehlchen

Sprosser

Rotkehlchen

Nicht selten brütet das **Rotkehlchen** *(Erithacus rubecula)*. Auffälliger Durchzug kann im April und wieder im September und Oktober erlebt werden. In unterschiedlicher Anzahl können Rotkehlchen auch auf der Insel überwintern.

Steinschmätzer

Die hohe Brutdichte des **Steinschmätzers** *(Oenanthe oenanthe)* auf Hiddensee ist im Vergleich zu anderen Gebieten Norddeutschlands beachtlich. Besonders bemerkenswert ist das häufige Nisten in Kaninchenbauen. 1980 brüteten ca. 50 Brutpaare besonders auf dem Dornbusch, an der Steilküste oder auch in der Dünenheide

Drosseln

Die **Misteldrossel** *(Turdus viscivorus)* ist wahrscheinlich Brutvogel auf Hiddensee. Auf dem Durchzug können größere Ansammlungen auftreten, so am 28.10.1975 300 Exemplare auf dem Dornbusch (Müller 1977). Bisher ist ein Brutvorkommen (im Jahre 1984, Klafs/ Stübs 1987) der **Wacholderdrossel** *(Turdus pilaris)* von Hiddensee bekannt. Im Oktober und November kann es zu großen Rast- und Zuggemeinschaften der Art kommen. Doch auch im Winter können die Ansammlungen beträchtlich sein, so sah Stegemann am 24.- 26.1.1957 2000 Wacholderdrosseln am Bessin und Kneis (Müller 1982) am 13.1.-3.2.1980 2000-5000 auf dem Dornbusch. Erstmals im Jahre 1959 wurde die **Singdrossel** *(Turdus philomelos)* auf Hiddensee brütend festgestellt. Seitdem ist die Art regelmäßiger Brutvogel der Insel, u.a. in den Sanddornbeständen. Winterbeobachtungen lassen auch ein gelegentliches Überwintern vermuten. Regelmäßig und zu den Zugzeiten in großer Anzahl zieht die **Rotdrossel** *(Turdus iliacus)* auf Hiddensee durch. Manchmal ist sie auch in kleineren Trupps in den Wintermonaten anwesend. Fast alljährlich erscheint die **Ringdrossel** *(Turdus torquatus)* auf der Insel. Besonders häufig sind die Beobachtungen von März bis Mai und es wurden schon 16 Ex.gleichzeitig gesehen (Eichstädt in Müller 1975). Nicht sehr häufig ist die **Amsel** *(Turdus merula)* als Brutvogel. Auch sie kann die Sanddornbestände besiedeln. Regelmäßiger Durchzug.

Bartmeise

Die **Bartmeise** *(Panurus biarmicus)* brütet auf der benachbarten Insel Rügen. Von Hiddensee ist noch kein Brutnachweis bekannt, vom Alt-Bessin gibt es aber Zugzeit-Beobachtungen.

Schwanzmeise

Schildmacher bezeichnete 1961 die **Schwanzmeise** *(Aegithalos caudatus)* als Wintergast, während sie zur Zeit der Rasterkartierung in den achtziger Jahren als Brutvogel Hiddensees eingestuft wurde (Klafs / Stübs 1987).

Beutelmeise

Auf Hiddensee wurde von Willems die **Beutelmeise** *(Remiz pendulinus)* erstmals am 24.9.1976 mit 2 Ex. bei Grieben gesehen. Seitdem wurden einzelne Nester gefunden. Im Juli kann es zu kleinen Ansammlungen der Art kommen.

Echte Meisen

Die **Haubenmeise** *(Parus cristatus)* ist auf Hiddensee wahrscheinlich nur Gastvogel und auch von einem Brüten der **Weidenmeise** *(Parus montanus)* auf der Insel ist bisher nichts bekannt. Brutvogel ist dagegen wahrscheinlich die **Sumpfmeise** *(Parus palustris)* (Holz in Klafs / Stübs 1987). Die **Blaumeise** *(Parus caeruleus)* ist erst seit 1934/35 als Brutvogel auf der Insel bekannt und brütet jetzt regelmäßig in einzelnen Paaren. Die **Kohlmeise** *(Parus major)* ist häufiger. Noch 1961 bezeichnete Schildmacher die **Tannenmeise** *(Parus ater)* als Durchzügler und Wintergast, doch könnte die Art seitdem in einzelnen Jahren auch auf Hiddensee gebrütet haben.

Kleiber und Baumläufer

Der **Kleiber** *(Sitta europea)* brütet nicht; durchziehende oder umherstreifende Vögel sind nicht selten. Beide Baumläuferarten, der **Waldbaumläufer** *(Certhia familiaris)* und auch der **Gartenbaumläufer** *(C. brachydactyla)* werden regelmäßig innerhalb und außerhalb der Brutzeit festgestellt, doch fehlen exakte Brutnachweise.

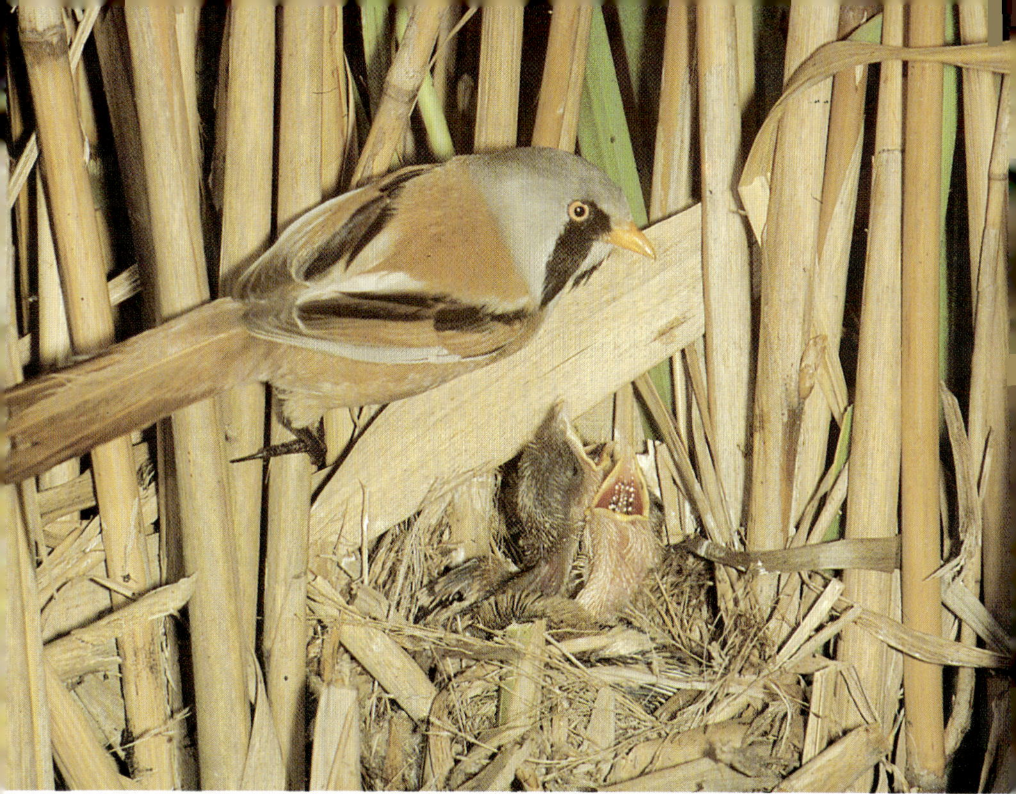
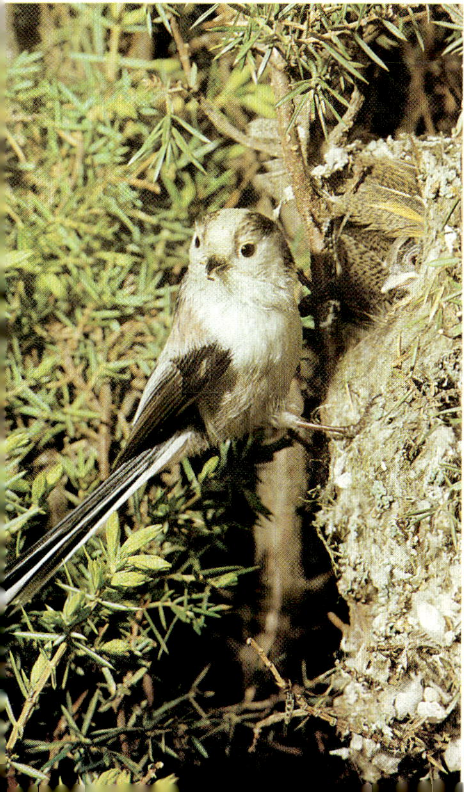
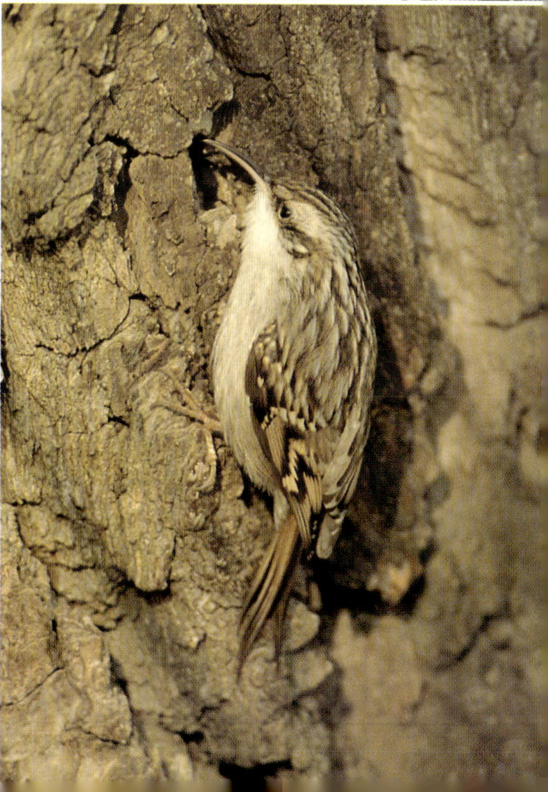

Ammern

Sowohl die **Grauammer** *(Emberiza calandra)* als auch die **Goldammer** *(Emberiza citrinella)* sind auf Hiddensee nicht seltene Brutvögel. Die Goldammer nutzt auch die Sanddornbestände als Bruthabitat. Zu den Zugzeiten ziehen beachtliche Schwärme durch. Der **Ortolan** *(Emberiza hortulana)* zieht meist in einzelnen Exemplaren vor allem im Mai und im August/September über Hiddensee. Die **Rohrammer** *(Emberiza schoeniclus)* ist einer der häufigsten Brutvögel Hiddensees. Überall boddenseitig, wo es etwas feucht ist, ist die Art zu erwarten und während der Zugzeit streifen kleine Trupps z.B. auch an der Steilküste bei Kloster umher. Die aus dem nördlichen Skandinavien stammende **Waldammer** *(Emberiza rustica)* wurde am 3.7.1964 bei Kloster gefangen (Klafs/Stübs 1987). Zwischen September und April kann von Jahr zu Jahr in unterschiedlicher Stärke mit dem Auftreten der **Schneeammer** *(Plectrophenax nivalis)* auf Hiddensee gerechnet werden. Dabei kann es zu größeren Ansammlungen kommen, wie z.B. am 10.2.1974 mit 500 Exemplaren am Bessin (Müller 1976). In viel geringerer Anzahl kommt im Winter ein anderer Gast aus Lappland, die **Spornammer** *(Calcarius lapponicus)* nach Hiddensee. Meist sind sie einzeln oder in kleineren Trupps bis zu 5 Exemplaren in den Dünen oder auf den Strandwiesen zu sehen.

Finken

Einer der häufigsten Brutvögel Hiddensees ist der **Buchfink** *(Fringilla coelebs).* Während der Zugzeit kann es zu großen Ansammlungen kommen, so wurden am 23.9.1986 von George u.a. 72000 ziehende Buchfinken bei Neuendorf registriert (Müller 1988). Nur Durchzügler und Wintergast ist dagegen der **Bergfink** *(Fringilla montifringilla)* , doch gibt es auch Brutversuche auf Rügen und Hiddensee, so z.B. als im Juni 1962 bei Kloster/ Hiddensee ein Paar beim Nestbau beobachtet wurde (Schubert 1977). Vom **Girlitz** *(Serinus serinus)* gibt es zwar Feststellungen zur Brutzeit, doch fehlen noch exakte Brutnachweise. Auch Wintervorkommen sind schon mitgeteilt worden. Der **Grünfink** *(Carduelis chloris)* ist Brutvogel und zieht in kleineren und größeren Trupps auf der Insel durch.

Seite 79:   *Rohrammer* | *Goldammer*
Schneeammer | *Spornammer*

Regelmäßig brütet der **Stieglitz** *(Carduelis carduelis)* auf Hiddensee, während zum Status und zur Häufigkeit des **Erlenzeisigs** *(Carduelis spinus)* auf der Insel wenig Daten vorliegen. Wahrscheinlich ist die Art ein spärlicher Brutvogel. Der **Birkenzeisig** *(Acanthis flammea)* kommt in zwei Unterarten im Gebiet vor, die nordeuropäische Nominatform *Acanthis f.flammea*, die von Oktober an bis Anfang Mai, besonders in "Invasionsjahren"rastet bzw. durchzieht, und *Acanthis f.cabaret*, der Alpenbirkenzeisig. Letzterer erscheint in geringerer Zahl im Winterhalbjahr, doch ist es nicht auszuschließen, daß der Alpenbirkenzeisig, der immer wieder im Sommer auf Hiddensee beobachtet wird, vereinzelt hier auch brütet. Am 9.7.1982 wurden bei Kloster 1 Altvogel und 2 bettelnde Jungvögel beobachtet (Miles 1984). 2 Altvögel des **Polarbirkenzeisigs** *(Acanthis hornemanni)*, der in den Tundren Nordeurasiens brütet, wurden am 14.4.1985 in der Dünenheide gesehen.

Von Mitte September bis zum April ist mit dem Auftreten des **Berghänflings** *(Acanthis flavirostris)* zu rechnen, der in kleinen oder größeren Trupps durchzieht oder rastet. Der **Bluthänfling** *(Acanthis cannabina)* brütet auf Hiddensee und bildet ab August größere Trupps. Erstmals 1959 kam der **Karmingimpel** zur Beobachtung, doch erst 1971 wurde der erste Brutnachweis gemeldet (Müller 1973). Seitdem erweiterte sich der Brutbestand beträchtlich und Ulbricht (Müller 1986) meldete für 1984 mindestens 30 singende Männchen. 1994 zählte Dittberner an der Nordküste 12 singende Männchen und im Mai 1995 verhörte ich zwischen Kloster und dem Nordperd 22 Karmingimpel. Der Wegzug der Art ist meist schon im August beendet. Nur in Invasionsjahren erscheint der **Kiefernkreuzschnabel** *(Loxia pytyopsittacus)* in wenigen Exemplaren, während der **Fichtenkreuzschnabel** *(Loxia curvirostra)* zwar auch invasionsartig, dann aber in größerer Zahl auftritt. Auf Rügen brütet die Art sporadisch, ob das auch schon auf Hiddensee der Fall war ist nicht bekannt. In Invasionsjahren kommt auch der **Bindenkreuzschnabel** *(Loxia leucoptera)* an die Ostseeküste. Im Oktober 1962 wurde ein Männchen gefangen. **Kernbeißer** *(Coccothraustet coccothraustes)* und **Gimpel** *(Pyrrhula pyrrhula)* treten auf Hiddensee in größeren Zahlen nur zu den Zugzeiten und im Winter auf. Nach meinen Beobachtungen möchte ich aber ein sporadisches Brüten vermuten.

Sperlinge

Der **Haussperling** *(Passer domesticus)* ist auf Hiddensee ein häufiger Brutvogel, während der **Feldsperling** *(Passer montanus)* in geringerer Zahl brütet.

Stare

Eine Beobachtung des aus Mittelasien stammenden **Rosenstars** *(Sturnus vulgaris)* auf der Fährinsel datiert vom 28.5.1985 (Müller 1987). Regelmäßig brütend ist der **Star** *(Sturnus vulgaris),* der von Juni bis in den November hinein beträchtliche Schwärme bilden kann. In manchen Jahren kommt es auch zu Überwinterungen.

Pirol

Zwei bis drei Brutpaaren des **Pirols** *(Oriolus oriolus)* nisten alljährlich auf Hiddensee.

Krähenvögel

In manchen Jahren kann es starke Zugbewegungen des **Eichelhähers** *(Garrulus glandarius)* über Hiddensee geben. 1977 war so ein Jahr, als am 23.9. Rinnhofer und Schmidt (1978) 2120 Exemplare zählten, oder am 9.10.1972 registrierte Zöhe (Müller 1974) 2000 Eichelhäher bei Neuendorf, die nach Nordosten flogen. Ob der Eichelhäher auf Hiddensee regelmäßig brütet ist fraglich. Dagegen nistet die **Elster** *(Pica pica)* auf der Insel nicht selten. Schildmacher schrieb 1961 sogar von einer "Elsternplage" auf Hiddensee. Die Art brütet gern in Sanddorngebüschen, z.B. am Bessin. Im Winter kommt es zu kleinen Ansammlungen an Schlafplätzen. In Invasionsjahren, die nicht allzu häufig sind, kommen größere Scharen von **Tannenhähern** *(Nucifraga caryocatactes)* auch auf die Insel Hiddensee. So zählte Arndt (Piechocki 1971) am 13.8.1968 ca. 80 Tannenhäher auf dem Dornbusch. 1960 gab es etwa 100 Brutpaare der **Dohle** *(Corvus monedula)* auf Hiddensee. Seitdem scheint es eine Abnahme gegeben zu haben. Brutorte sind z.B. erweiterte Höhlen in den Uferschwalbenkolonien und - nicht immer von den Bewohnern geduldet - die Schornsteine von Häusern. Bräse (1995) berichtet für das Jahr 1994 von 12 Brutpaaren als Gebäudebrüter in Kloster, von 13 Brutpaaren in Vitte und von 3 Brutpaaren in Grieben.

Lange Jahre bestand in Kloster eine Kolonie der **Saatkrähe** *(Corvus frugilegus)* im Park des Hauptmann-Hauses. Weitere kleine Bestände gab es am Klausner und in Grieben. Noch 1994 gab es eine kleine Ansiedlung von 6 - 7 BP in Kloster. 1995 sah ich keine brütenden Saatkrähen mehr. Interessant sind Beobachtungen, daß Saatkrähen zusammen mit Dohlen im Winter das Eis zwischen Hiddensee und Rügen als Schlafplatz nutzen (31.12.63 ca.1000 Ex.,Lambert 1965). Die **Nebelkrähe** *(Corvus corone cornix)* ist auf Hiddensee ein verbreiteter Brutvogel, der vor allem im Oktober und November auch verstärkt durchzieht und im Winter kleine Gemeinschaften bildet. 1916 wurde auch die **Rabenkrähe** *(Corvus corone corone)* auf Hiddensee brütend festgestellt und auch in Jahren danach kam es hin und wieder zu "Mischehen" zwischen Nebelkrähe und Rabenkrähe. Im 19.Jahrhundert gab es in Spalten der Hiddenseer Steilküste Brutpaare des **Kolkraben** *(Corvus corax).* In den achtziger Jahren sah ich dort mehrfach Kolkraben, vermag aber nicht zu sagen, ob es zu Bruten kam. Nicht selten sind umherstreifende kleine Trupps zu sehen.

Junge Dohlen einer "Schornsteinbrut" betteln einen Altvogel um Futter an

Literatur -Auswahl ornithologischer Veröffentlichungen

Ausführliche Literaturzusammenstellung siehe Dittberner/Hoyer : Vogelwelt Rüg.

Berg,H. (1914): Jahresbericht 1913 über das Vogelschutzgebiet Hiddensee. Orn.Mschr. 29,131-137.

- - - (1916): Jahresbericht von den Vogelfreistätten Hiddensee, Heuwiese, Liebes und Mährens. Orn.Mschr. 41, 3 - 10.

- - - (1917): Jahresbericht über die Vogelfreistätten Hiddensee, Heuwiese, Liebes und Mährens. Orn. Mschr. 42, 64 - 71.

Berger,W. (1957): Zugbeobachtungen an der Türkentaube auf Hiddensee. Falke, 4, 105.

- - - (1962): Brutbiologische und ethologische Beobachtungen am Sprosser. Falke, Sonderheft 4, 20-27.

Bräse,M. (1995): Brutbestand der Dohle, Corvus monedula, auf Rügen und Hiddensee. Naturschutzarbeit in Meckl.-Vorp.,38, S.24-28.

Brenning, U. u.H.W.Nehls (1969): Neuer Nachweis des Mornellregenpfeifers auf Hiddensee. Falke 16, 210.

Bütow,A. (1910): Pommersche Ornithologen auf Hiddensee. Mitt. über die Vogelwelt S,113-114.

Creutz,K. (1975): Rothalsgänse bei Hiddensee. Falke 22, 194.

Dittberner,H. u. W. Dittberner (1980): Herbstbalz und Revierverhalten des Kiebitzregenpfeifers (Pluvialis squatarola) auf Hiddensee. Orn. Mitt. 32, 231-233.

Dittberner,H. u. E.Hoyer (1994): Die Vogelwelt der Inseln Rügen und Hiddensee. Teil 1: Nonpasseres. Galenbeck.

- - - (1995): Die Vogelwelt der Inseln Rügen und Hiddensee. Teil 2: Passeres. Galenbeck.

Dost, H.(1959): Die Vögel der Insel Rügen. Wittenberg.

- - - (1965): Über das Vorkommen der Schwarzkopfmöwe (Larus melanocephalus) an der deutschen Ostseeküste. Beitr.Vogelkd.11,38-47.

Emmrich,R. (1973/74): Das Nahrungsspektrum der Dorngrasmücke in einem Gebüschbiotop der Insel Hiddensee. Zool.Abh.Mus.Tierk. Dresden 32, 275-307 u.33, 9-31.

Fiedler,D. (1956): Starkes Auftreten des Seeadlers (Haliaeetus albicilla) auf dem Eise des Sunds zwischen Stralsund und Rügen. Beitr.Vogelkunde 4, 254.

Dierschke,V. u.a.(1995): Die Vogelwarte Hiddensee. Falke 42,363-366.

Garduhn,E.(1921): In den Vogelschutzgebieten von Hiddensee im Sommer 1920. Unser Pommernland. Sonderheft.

Gentz,K. u. H.Grafe (1957): Vogelfrühling auf Hiddensee. Leipzig.

Graumüller,V. (1937): Spornammer (Calcarius lapponicus) auf Hiddensee
Orn.Mber.45,24.

Grimm,E. (1943): Vogelbeobachtungen auf Hiddensee.
Dt.Vogelwelt 68, 73-75.

Grimm,H.(1973): Vogelarten auf der Vitter Heide (Hiddensee).
Beitr.Vogelkd.19, 289-295.

Grummt,W. (1962): Baßtölpel (Sula bassana) bei Hiddensee.
Beitr. Vogelkd.7, 440-441.

- - - (1963): Steinadler (Aquila chrysaeetus) auf Hiddensee.
Beitr. Vogelkd. 8, 319-320.

Heydemann,L. (1860): Larus leucopterus auf Hiddensee.
Archiv Ver.Freunde Naturgesch. Meckl. 14, 456.

Hocke,H.(1895): Oologisches und Nidologisches von der Insel
Hiddensee. Zeitschr.Oologie 5, 17-18 u. 21-22.

Homeyer,E.F.v. (1837): Systematische Übersicht der Vögel Pommerns.
Anklam.

- - - (1881): Ornithologische Briefe. Berlin.

Hübner, E.(1908): Avifauna von Vorpommern und Rügen. Leipzig.

- - - (1915): Vogelwarte Hiddensoe-Süd. Jahresbericht 1914.
Orn.Monatsschrift 40, 57-61.

- - - (1919): Jahresbericht der Vogelwarte Hiddensee-Süd. Orn.M.44, 19

Hübner,M. (1913): Hiddensee. Mitt. über die Vogelwelt 13, 91-94,
110-114, 134-137, 148 - 150.

Kaiser,W. (1961): Sommerbeobachtungen an Singvögeln 1957-1959.
Naturschutzarbeit in Mecklenburg 4, 19-35.

Kessler,G. (1873): Vogelleben auf Hiddens-Oie. J.Orn. 21, 47-50.

Klafs,G. u.J.Stübs (1977;1987): Die Vogelwelt Mecklenburgs. Jena

Kneis,P. (1982): Der Steinschmätzer als Brutvogel in den Naturschutz-
gebieten der Insel Hiddensee. Naturschutzarb. in Meckl.25,89-91.

Küchler,W. (1958): Vorkommen seltener Vogelarten im Gebiet von Hiddensee in den letzten Jahren. Beitr.Vogelkd. 6, 299-310.

Kühlmann,D. (1957): Schwingen im Seewind. Wittenberg.

Lambert,K. (1965): Ungewöhnlicher Saatkrähen-und Dohlenschlafplatz
auf Hiddensee. Falke 12,318.

- - - (1971): Beobachtungen von Alkenvögeln (Alcidae) in Mecklenburg.
Orn.Rundbr.Meckl. NF.12, 3-15.

Lindner,C. (1912): Ornithologische Beobachtungen auf Hiddensee im Mai
und Juni 1912. Orn.Jber. 23, 161-176.

Lindner, F. (1912): Eine neue Vogelfreistätte; Insel Hiddensee mit Fährinsel und Gänsewerder. Orn.Mschr. 37, 63-68.

Lindner,F. (1913): Kurzer Bericht über die Vogelfreistätten und Vogelwarte Hiddensee im Jahre 1912. Orn.Monatsschr.38, 60-67.
- - - (1916): Die ornithologische Bedeutung Hiddensös.
Naturwiss.4, 205-210.
Mauersberger, G. (1957): Nächtlicher Wachtelzug (Coturnix coturnix (L.))
auf Hiddensee. Beitr. Vogelkd.5, 233.
- - - (1986): Vögel als Bewohner von Sanddornbeständen (Hippophae
rhamnoides). Acta ornithoecol. 1, 135-143.
Miles,P. (1984): Brut des Alpenbirkenzeisigs (Carduelis flammea cabaret)
auf Hiddensee. Orn.Rdbr.Meckl. NF. 27, 37.
Müller,H.(1968): Seetaucher-Beobachtungen auf Hiddensee. Falke 15,96
Müller,S. (1970 -1993): Bemerkenswerte avifaunistische Beobachtungen
aus Mecklenburg. - Jahresberichte für 1968 - 1990.
Orn.Rundbrief Meckl. NF. 10 - 35.
Neumann,J. (1995): Zur Geschichte der ornithologischen Erforschung
der Inseln Rügen und Hiddensee. in: Dittberner, Vogelwelt der
Inseln Rügen und Hiddensee, Teil 2, S.6-10. Galenbeck.
Nicolai,B. (1969): Nachweis eines Rotfußfalken für Hiddensee.
Falke 16, 103.
Piechocki,R. (1971): Die Invasion Sibirischer Tannenhäher 1968/69 in der
DDR. Falke 18, 4 - 26 u.40 - 57.
Quistorp,G. (1858): Ornithologische Beobachtungen, welche im Monat
März 1853 von Herrn Hugo Schilling an der Nordwestküste von
Rügen und namentlich auf der Insel Hiddensee daselbst gemacht
worden sind. Naumannia 8, 53-63.
Rinnhofer,G. u. R.Schmidt (1978): Auffälliger Eichelhäherzug im Herbst
auf Hiddensee. Falke 24, 139.
Robien,P. (1928): Die Vogelwelt Pommerns. Abh.Ber.Pommersch.Naturf.
Gesell. 9, 1-94.
Schildmacher,H.(1961): Die Vogelwelt der Insel Hiddensee.
In: Beiträge z.Kenntnis deutscher Vögel. Jena S. 249-295.
- - - (1972): Die Schwimmvogelwelt auf dem Vierendehlgrund im
Winterhalbjahr. Falke 19, 258-267.
Schlott,M. (1931): Vom Vogelzug auf Hiddensee. Ostdeutscher Naturwart
4, 41-44.
Schmidt,R. (1974): Ein Alpensegler, Apus melba (L.), auf Hiddensee.
Falke 21, 244.
- - - (1975): Brutversuch des Seeregenpfeifers auf Hiddensee 1975.
Falke 22, 424-425.

Schubert,M. (1977): Bergfinken in der Brutzeit auf Rügen und Hiddensee. Falke 24, 277.

Schwerin-Bohrau, Graf Felix (1933): Hiddensee als Vogelparadies. Unser Pommernland. Sonderheft Hiddensee S.147-151.

Seegebrecht,F. (1912): Im Vogelschutzgebiet Hiddensee. Intern. Frauenbund f. Vogelschutz 1909 - 1912., S. 31-39.

Semmler, W. (1959): Winterbeobachtungen auf Hiddensee. Falke 6, 383 - 387.

Siefke, A. (1982): Fünf Jahrzehnte Vogelwarte Hiddensee. Wiss.Z.Univ.Greifswald, Math,-Nat.R. 31, 14-17.

Solti,B. (1986): Vorkommen des Rotfußfalken auf Hiddensee. Falke 33, 372.

Stadie, R. (1935): Die Brutvogelwelt der Insel Hiddensee im Jahre 1934 und 1935. Ber.Ver.schles. Orn. 19, 1-8.

Steiniger, F. (1938): Bilder vom Vogelzug auf dem Gellen. Aus der Natur 15, 191-195.

Sturm, H. (1936): Vom Vogelzug auf Hiddensee im Frühjahr und Herbst 1932. Dohrniana 15, 1-27.

- - - u. F.W.Merkel (1933): Vogelzugstudien auf Hiddensee (Ostsee) in den Jahren 1931-1933. Ber.Ver.schles.Ornith. 18, 71-77.

Tancre, R. (1881): Ornis von Rügen und Hiddensee. In: E.F.v.Homeyer: Ornothologische Briefe. Berlin.

Thybusch,D. u.A.Stiefel (1959): Brut der Brandseeschwalbe und Brutversuch der Schwarzkopfmöwe 1958 auf der Fährinsel. Falke 6, 10 - 13.

Ulbricht,J.(1981): Zum gehäuften Erscheinen von Raubmöwen in der DDR- Sommer und Herbst 1976. Falke 28, 188-193.

Wadewitz,O.(1978): Die Sturmmöwe auf der Fährinsel. Falke 25, 230-236.

Wagner,G. (1963): Beobachtung einer Blaumerle auf Hiddensee. Falke 19, 65.

Werner, F. (1968): Große Raubmöwe vor Hiddensee. Falke 15, 319.

Wiese,G. (1987/88): Die Raubvögel Pommerns und Rügens. Stettiner orn.Ztschr. 11, S.113 ff u. 12, S.3 ff.

Zöhe,R. (1966): Flamingos, Phoenicopterus ruber, auf dem Gellerhaken/ Hiddensee. Beitr. Vogelkd. 12, 118.

Raum für eigene Beobachtungen auf Hiddensee

Datum	Uhrzeit	Vogelarten mit Anzahl	Bemerkungen (Wetter, Verhalten)